감성캠핑 만들기

코바늘 블랭킷 손뜨개

김혜경 지음

예신 Books

책머리에

내가 처음 뜨개바늘을 잡게 된 건 엄마 때문이었다.

겨울이면 늘 뜨개질을 하는 엄마를 보고 자란 나는 겨울이면 누구나 다 뜨개질을 하는 줄 알았다.

세뱃돈으로 타래실을 사오면 새 실이 아까운 엄마는 늘 당신의 자투리실과 바꾸자고 했다.

난 색색깔의 그 자투리실들이 참 좋았다.

지금 돌이켜 생각해보면 난 그때부터 배색하기를 참 좋아했던 것 같다.

그렇게 늘 겨울이면 실과 바늘을 가지고 아랫목에 앉아서 뜨개질을 했다.

22살, 우연히 언니와 함께 작은 뜨개공방을 시작하게 되었고

그렇게 나는 내 안에 있던 소질을 발견하게 되었다.

2015년, 마흔 살의 나는 첫 뜨개책 작업을 하게 되었다.

거창하지 않아도 누구나 쉽고 재밌게 뜰 수 있는 소박한 뜨개책을 만들고 싶었다.

햇살 좋은 날 뜨개바구니에 뜨개책 하나 꽂고 야외로 나가 바람냄새를 맡으며

코바늘 하나로 즐기는 뜨개질…

그런 뜨개놀이에 꼭 필요한 책을 만들고 싶었다.

김혜경

현재 동탄에서 "수공방"이라는 작은 뜨개공방을 운영하고 있으며

네이버 카페 "홈뜨개"의 매니저 "빨간망토"로 활동 중이다.

홈뜨개는 가족 같은 분위기의 카페로 뜨개쟁이들과 온라인 소통을 하고 있다.

제2회 니트러브소품공모전 은상 수상

제3회 니트러브소품공모전 은상 수상

제4회 니트러브소품공모전 특별상 수상

제6회 니트러브블렌드전시회 참여

Contents

Chapter 1

작 품

레드 스퀘어 블랭킷

알록달록한 배색을 빨강으로 마무리해주는 블랭킷
어두운 색상도 빨강이 더해지면 밝고 따뜻해진다.
울에서 전해지는 따뜻함이 좋은 겨울 블랭킷

사이즈: 가로 110cm x 세로 95cm

사용실과 사용량: 빈센트 8P 리치(1볼=80g)

보라, 베이비핑크, 카키, 분홍, 회색, 초록, 흰색, 남색, 코코아, 베이지 – 각 1볼씩

빨강 – 5볼

사용도구: 모사용 코바늘 5/0호

뜨는 법: 41쪽

그레니 스퀘어 블랭킷

코바늘 초보라면 도전해보자!
어떤 배색이어도 좋다.
기본에 충실하면서 색감으로 멋내기 좋은 블랭킷

사이즈: 가로 95cm x 세로 95cm
사용실과 사용량: 네코 10color 각 90g씩 (401화이트, 404머스타드, 409핑크, 414레드빈, 416퍼플, 419블루, 421네이비, 424그라스그린, 426딥베이지, 428브라운)
사용도구: 모사용 코바늘 5/0호
뜨는 법: 65쪽

파스텔 스퀘어 블랭킷

가끔은 큼지막한 네모가 뜨고 싶은 날이 있다.
그렇게 하나둘 떠 놓았다가 이어보니 포근한 블랭킷이 되었다.

사이즈: 가로 105cm x 세로 80cm
사용실과 사용량: 네코 12color(1볼=45g)
401화이트, 404머스타드, 425베이지 – 각 3볼씩
402크림, 407베이비핑크, 408러브토마토, 410딥핑크, 414레드빈,
415라이트퍼플, 417민트, 418베이비블루, 422베이비그린, 424그라스그린 – 각 1볼
사용도구: 모사용 코바늘 5/0호
뜨는 법: 66쪽

다크 블랭킷

여름면사 "데님"이 주는 시원함을 느껴보자.
색색으로 키다란 사각을 뜨고 검정색으로 톤을 잡아주는···
어두우면서도 시원한 느낌의 블랭킷

사이즈: 가로 135cm x 세로 110cm
사용실과 사용량: 히말라야 데님 20볼(1볼=50g).
모어 검정 5볼. 01브라운 1볼. 02버건디 3볼.
03카키 3볼. 04네이비 1볼.
05슬레이트블루 2볼. 08차콜 1볼.
09민트 1볼. 10라임 1볼.
11아쿠아 2볼. 12오렌지 3볼.
13딥핑크 1볼.
사용도구: 모사용 코바늘 4/0호
뜨는 법: 68쪽

롤리팝 블랭킷

파스텔 색상의 막대사탕을 늘어놓은 듯한 롤리팝 블랭킷
은은함이 따뜻함이 되는 순간이다.

사이즈: 가로 60cm x 세로 80cm
사용실과 사용량: 네코 13color 425베이지(3볼) 130g
A-404머스타드, B-408러브토마토, C-410딥핑크, D-418베이비블루,
E-422베이비그린, F-431크림아이보리, G-433감귤, H-434인디핑크,
I-435라일락, J-438올리브, K-441베이비옐로우, L-442베이비그린 각 15g씩
사용도구: 모사용 코바늘 5/0호
뜨는 법: 70쪽

모노톤 블랭킷

단조로움 속의 화려함.
한 가지 색조가 주는 차분함.
그 모두를 가진 모노톤 블랭킷

사이즈: 가로 120cm x 세로 95cm
사용실과 사용량: 빈센트리치 프리미엄 4color(1볼=80g)
7701 화이트 3볼, 7711 그레이 3볼, 7713 다크그레이 4볼, 7715 블랙 3볼
사용도구: 모사용 코바늘 5/0호
뜨는 법: 72쪽

모노톤 육각 그린 블랭킷

우리는 늘 푸르름이 그립다.
푸르른 산과 나무를 대신해 줄 그린 블랭킷

사이즈: 가로 120cm x 세로 110cm
사용실과 사용량: 네코 4color
402크림 7볼, 422베이비그린 6볼, 423옐로우그린 6볼, 424그라스그린 8볼
사용도구: 모사용 코바늘 5/0호
뜨는 법: 72쪽

모노톤 육각 레드 블랭킷

따뜻해지고 싶은 날이 있다.
그런 날 빨강은 바라보는 것만으로도 따뜻해진다.

사이즈: 가로 120cm x 세로 110cm
사용실과 사용량: 네코 4color(1볼=45g)
404머스타드 7볼. 412레드 6볼. 413딥레드 6볼. 414레드빌 8볼
사용도구: 모사용 코바늘 5/0호
뜨는 법: 73쪽

오누이 담요

개구쟁이 오빠랑 새침떼기 여동생
같은 듯 다른 오누이를 위한 커플룩 블랭킷

사이즈: 가로 60cm x 세로 75cm
사용실과 사용량: 네코 4color(1볼=45g)
Boy 437그린 4볼, 442베이비민트 3볼
Girl 411붉은체리 4볼, 434인디핑크 3볼
사용도구: 모사용 코바늘 5/0호
뜨는 법: 76쪽

선샤인 스퀘어 블랭킷

문득 태양을 올려다봤을 때 강렬한 햇살 속에
오로라 빛이 비칠 때가 있다.
그런 햇살 같은 블랭킷을 뜨고 싶었다.

사이즈: 가로 100cm x 세로 100cm
사용실과 사용량: 빈센트 3P 11color(각 60g)
A-2766, B-2765, C-2742, D-2770, E-2758,
F-2763, G-2753, H-2767, I-2768, J-2756
2757아이보리(300g)
사용도구: 모사용 코바늘 5/0호(빈센트 3P 2겹 합사)
뜨는 법: 77쪽

클래식 블랭킷

아주 오래전부터 내려오는 모티브무늬
그 모티브에 화사함을 담아보고 싶었다.
햇살 아래에서도 나무벤치에서도 빛난다.
스스로 빛을 낸다.

사이즈: 가로 90cm x 세로 70cm
사용실과 사용량: 네코 13color(1조각=6g)
404 6조각, 408 6조각, 410 7조각, 418 6조각, 422 7조각,
425 6조각, 432 7조각, 434 6조각, 435 6조각, 436 6조각,
438 4조각, 441 7조각, 442 6조각
사용도구: 모사용 코바늘 5/0호
뜨는 법: 81쪽

빈티지 블랭킷

이름 그대로 지금 막 완성해도 오랜된 블랭킷 같은
그런 친숙함이 편안한 블랭킷

사이즈: (大) 가로 90cm x 세로 120cm, (小) 가로 55cm x 세로 75cm
사용실과 사용량: 히말라야 데님 5color(1볼=50g)
(大) 02버건디 150g, 03카키 120g, 09민트 150g,
11아쿠아 120g, 12오렌지 150g
(小) 02버건디, 03카키, 09민트, 11아쿠아, 12오렌지
사용도구: 모사용 코바늘 5/0호
뜨는 법: 83쪽

물결 블랭킷

기교도 화려함도 없지만 늘 은은한
매력을 느낄 수 있는 물결무늬 블랭킷

사이즈: (大) 가로 90cm x 세로 110cm, (小) 가로 50cm x 세로 60cm

사용실과 사용량: (大) 네코 25color, (小) 네코 24color

(大) 404머스타드, 405오렌지, 411붉은체리, 412레드, 416퍼플, 424그라스그린, 427라이트브라운　각 25g씩

401화이트, 402크림, 406피치, 407베이비핑크, 408러브토마토, 410딥핑크, 413딥레드, 414레드빈, 415라이트퍼플,

418베이비블루, 419블루, 420로열블루, 421베이비, 422베이비그린, 423옐로우그린, 425베이지, 426딥베이지,

428브라운 - 각 45g씩

(小) 401화이트를 제외한 나머지 24color 각 20g씩

사용도구: 모사용 코바늘 5/0호

뜨는 법: 84쪽

삐죽빼죽 블랭킷

삐죽빼죽한 무늬가 뜨면 뜰수록 재밌다.
뜨는 건 평범한데 모양은 평범하지 않아 맘에 드는 삐죽빼죽 블랭킷

사이즈: 가로 105cm x 세로 120cm
사용실과 사용량: 빈센트 3P 4color
2776-240g, 2775-240g, 2764-240g, 2763-300g
사용도구: 모사용 코바늘 5/0호(빈센트 3P 2겹 합사)
뜨는 법: 85쪽

레인보우 블랭킷

일곱 빛깔 무지개 색상대로 뜨개질을 해 보자.
가끔은 친근함만큼 좋은 게 없다.

사이즈: 가로 70cm x 세로 85cm

사용실과 사용량: 네코 7color (1볼=45g)

403, 405, 413, 416, 419, 421, 424 각 2볼씩

사용도구: 모사용 코바늘 5/0호

뜨는 법: 86쪽

가오리 블랭킷 (구. 사선 블랭킷)

물감 대신 뜨개실로 색상을 그라데이션해 보자.
색칠공부하는 느낌으로 떠보는 블랭킷

사이즈: 가로 120cm x 세로 100cm
사용실과 사용량: 빈센트 3P 22color
2731, 2732, 2736, 2740, 2742, 2745, 2746, 2749, 2754, 2758, 2764,
2765, 2766, 2768, 2769, 2770, 2771, 2772, 2773, 2774, 2776, 2777
사용도구: 모사용 코바늘 4/0호, 5/0호 (빈센트 3P 2겹 합사)
뜨는 법: 87쪽

33

바바리안 블랭킷

이국적인 느낌이 물씬 풍기는 바바리안 블랭킷
겨우 네 가지 색상으로 이렇게 화려할 수 있음이 참 신기하다.

사이즈: 가로 100cm x 세로 100cm
사용실과 사용량: 네코 4color (1볼=45g)
428 8볼, 427 4볼, 426 4볼, 425 3볼
사용도구: 모사용 코바늘 5/0호
뜨는 법: 88쪽

링투링 블랭킷

링에 링을 걸면 어떨까?
머리를 땋듯이 하나씩 끼워가며 뜨는 기법이
생각보다 매력적이다.

사이즈: 가로 100cm x 세로 105cm
사용실과 사용량: 빈센트 3P 3color
2774-420g, 2736-420g, 2746-390g
사용도구: 모사용 코바늘 5/0호(빈센트 3P 2겹 합사)
뜨는 법: 89쪽

들꽃 블랭킷

새벽의 찬 기운도
해질 무렵 쌀쌀한 기운도
아름다움으로 덮어줄 들꽃 블랭킷

사이즈: 가로 70cm x 세로 45cm

사용실과 사용량: 네코 4color

401-60g, 404-150g, 426-150g, 427-300g

사용도구: 모사용 코바늘 5/0호

뜨는 법: 90쪽

Chapter 2
도 안

Special Thanks

내게 뜨개를 알려 준 울 엄마 염점숙 여사

늘 나의 정신적 지주가 되어주는 나의 언니 김미경

살면서 무엇도 두려운 일이 없도록 해 준

나의 오빠 김인배

몇 번이고 내려놓고 싶었던 순간마다

내 손을 잡아 일으켜 준 나의 남편 진상진

그냥 뜨개방 아줌마로 살 뻔한 나에게 뜨개작가란

수식어를 달아 준 니트러브 조성진 대표님

언제나 나를 지원사격해 주는 홈뜨개 식구들

모두에게 감사의 마음을 전합니다.

레드 스퀘어 블랭킷

사이즈: 가로 110cm x 세로 95cm
사용실과 사용량: 빈센트 8P 리치(1볼=80g)
보라, 베이비핑크, 카키, 분홍, 회색, 초록, 흰색, 남색,
코코아, 베이지 – 각 1볼씩
빨강 – 5볼
사용도구: 모사용 코바늘 5/0호

뜨는 법
조각마다 매 단의 배색을 다르게 하는게 포인트이다. 배치도를 참고하여 사슬뜨기 부분을
빼뜨기로 연결하며 뜬다.

도안

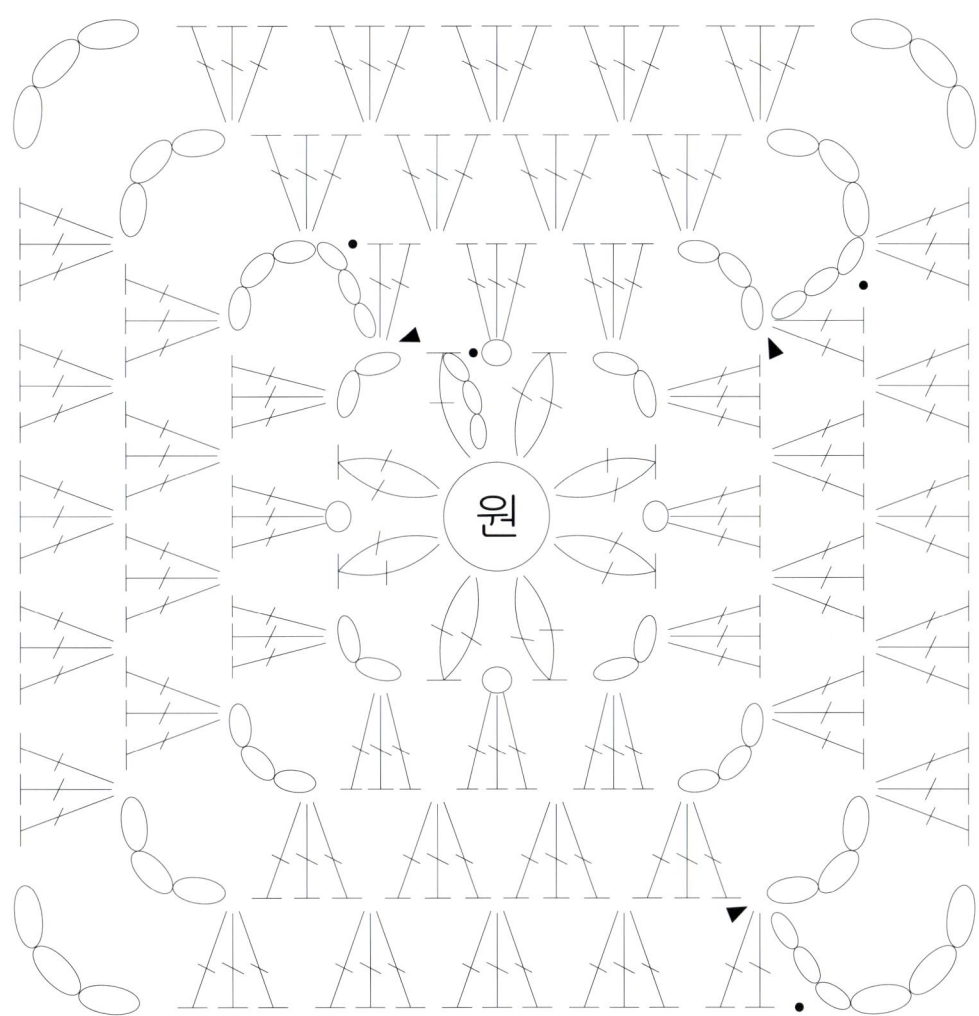

테두리무늬 A : 짧은뜨기 5코, 피코뜨기 반복

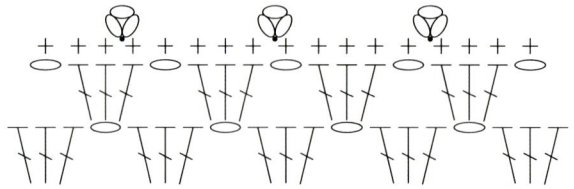

조각배치도(108조각)

D	I	H	M	G	B	L	F	C
E	F	G	L	I	K	J	M	L
M	A	I	H	L	E	D	G	F
L	G	E	F	K	J	C	H	M
K	B	J	C	M	D	G	A	K
G	M	K	J	H	A	F	B	E
A	H	L	K	B	I	M	D	J
K	C	M	I	F	L	B	E	D
L	D	F	G	E	H	K	C	A
C	E	D	B	A	G	I	K	E
B	J	C	A	D	M	A	L	I
M	L	B	E	C	F	H	J	G

A-8조각
B-8조각
C-8조각
D-8조각
E-9조각
F-8조각
G-9조각
H-7조각
I-7조각
J-7조각
K-9조각
L-10조각
M-10조각

조각배색 : 4단은 모두 빨강으로 뜬다.

	1단	2단	3단
A	보라	베이비핑크	카키
B	분홍	베이비핑크	회색
C	초록	흰색	보라
D	남색	회색	흰색
E	보라	회색	코코아
F	카키	남색	베이비핑크
G	회색	초록	흰색
H	흰색	보라	분홍
I	베이비핑크	코코아	베이지
J	분홍	베이지	초록
K	코코아	분홍	흰색
L	흰색	보라	회색
M	베이지	카키	코코아

뜨는 과정 - 1단

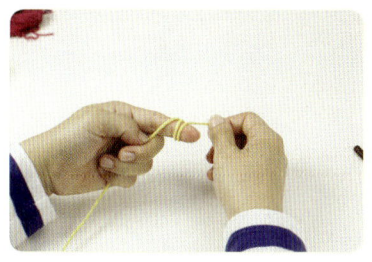

1 왼손 검지손가락에 실을 2번 감는다.
(도안상 '원'에 속한다.)

2 감은 실에 코바늘을 끼운다.

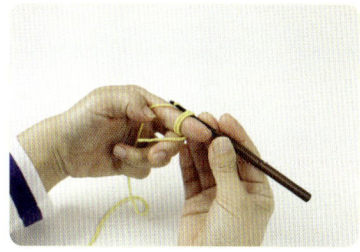

3 끼운 코바늘에 실을 걸어준다.

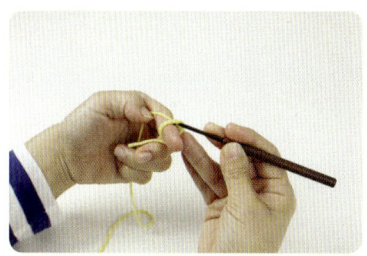

4 감아놓은 실 사이로 코바늘을 뺀다.

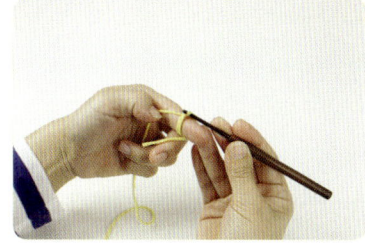

5 원을 통과한다.

6 시작코가 만들어진 모습

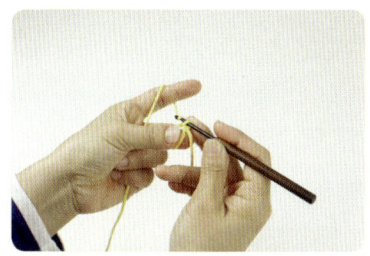

7 코바늘에 실을 건다.

8 사슬코를 통과하여 뺀다.

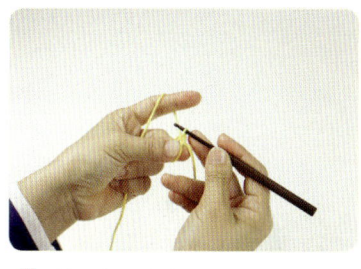

9 사슬뜨기 1코가 만들어진 모습

10 코바늘에 실을 건다.

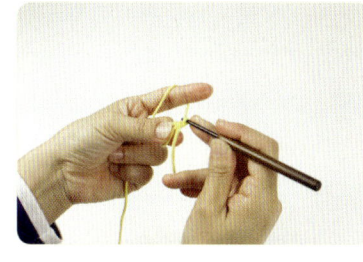

11 사슬코를 통과하여 뺀다.

12 사슬뜨기 2코가 만들어진 모습

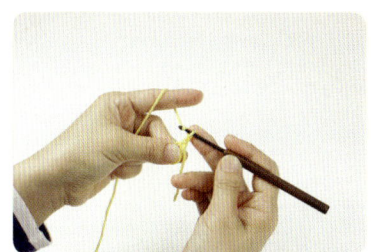

13 코바늘에 실을 건다.

14 사슬코를 통과하여 뺀다.

15 사슬뜨기 3코가 만들어진 모습

16 코바늘에 실을 건다.

17 원에 코바늘을 넣는다.

18 코바늘에 실을 건다.

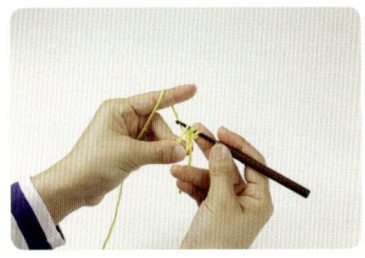

19 원을 빠져나온다.

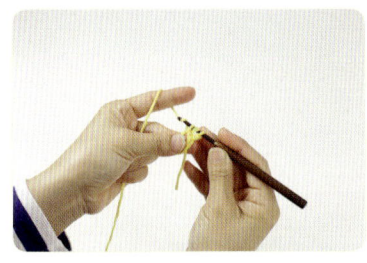

20 코바늘에 실을 건다.

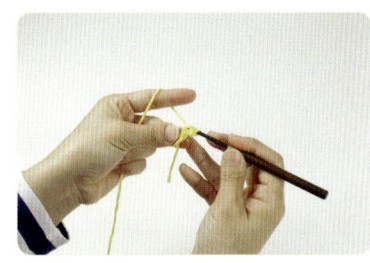

21 바늘에 걸쳐진 사슬 중 2개를 한 번에 뺀다.

22 2개의 사슬을 빼낸 모습

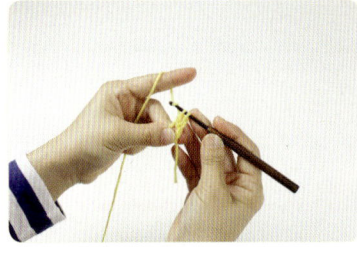

23 코바늘에 실을 걸어 남은 사슬 2개를 한 번에 뺀다.

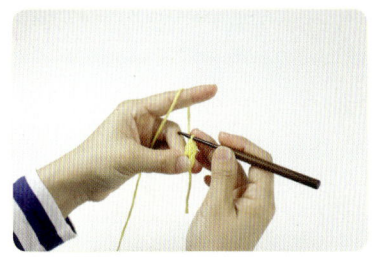

24 한길긴뜨기 2코 완성(사슬 3코는 한길 긴뜨기 2개와 같다.)

25 코바늘에 실을 건다.

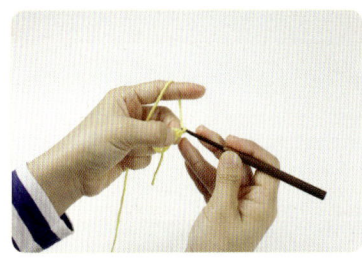

26 사슬코를 통과하여 뺀다.

27 사슬뜨기 1개가 된 모습

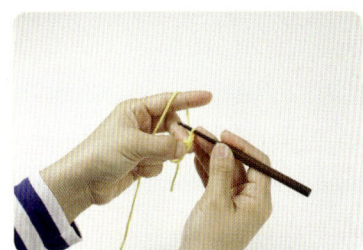

28 사슬뜨기 2개가 된 모습

29 코바늘에 실을 건다.

30 원에 코바늘을 넣는다.

31 코바늘에 실을 건다.

32 원을 빠져나온다.

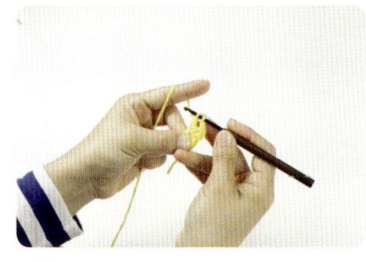

33 실을 걸어 사슬 2개를 한 번에 뺀다.

34 코바늘에 실을 건다.

35 원에 코바늘을 넣는다.

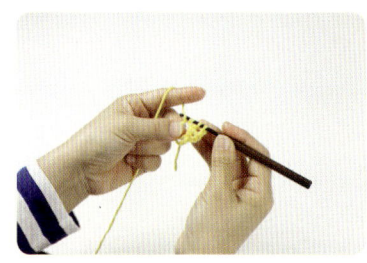

36 원을 빠져나온다.

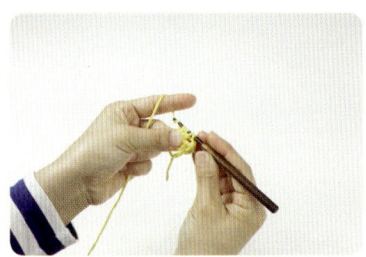

37 코바늘에 실을 건다.

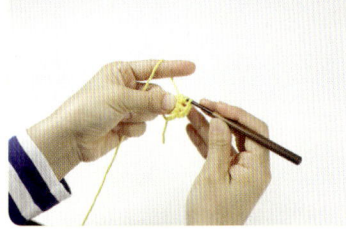

38 실을 걸어 사슬 2개를 한 번에 뺀다.

39 2개의 사슬을 빼면 코바늘에 3코가 걸려 있다.

40 실을 걸어 사슬 3개를 한 번에 뺀다.

41 마무리인 빼뜨기 할 차례의 모습

42 24번에서 만든 한길긴뜨기의 머리코를 찾는다.

43 코바늘을 찌른다.

44 코바늘 위에 머리코가 보이면 된다.

45 코바늘에 실을 건다.

46 그대로 머리코를 통과해서 뺀다.

47 그 상태에서 그대로 사슬코를 통과해 주어야 한다.

48 사슬코 사이로 나오는 모습

49 도안대로 1단을 다 뜬 모습

50 뒤집어서 처음에 원을 만들 때 남겨둔 실을 잡는다.

51 쑤~욱 당겨지는 느낌이 날 때까지 당겨준다.

52 실이 다 당겨진 모습

53 앞모습(실을 3~4cm 정도 남기고 자른다.)

54 사슬코에 자른 실을 통과해서 당겨 준다.

55 1단이 마무리된 모습

뜨는 과정 - 2단

1 완성된 1단 사슬 2개짜리 네 귀퉁이 중 한 곳에 새 실을 끼운다.

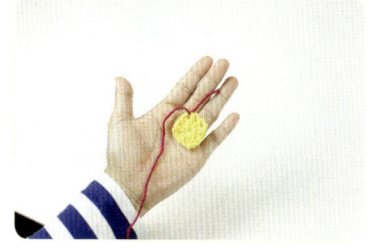

2 가볍게 1번 묶어준다.

3 코바늘을 실이 묶인 구멍에 넣는다.

4 코바늘에 실을 건다.

5 구멍을 빠져나온다. (시작코)

6 코바늘에 실을 건다.

7 사슬코를 통과하여 뺀다.

8 코바늘에 실을 건다.

9 사슬코를 통과하여 뺀다.

10 코바늘에 실을 건다.

11 사슬코를 통과하여 뺀다.

12 사슬뜨기 3코가 된 모습(같은 방법 으로 6코 만들기)

13 사슬뜨기 6코가 된 모습

14 코바늘에 실을 건다.

15 구멍에 넣어주기 전 모습

16 구멍에 코바늘을 넣는다.

17 코바늘에 실을 건다.

18 실을 걸고 구멍으로 나온다.

19 코바늘에 3코가 걸려 있게 된다.

20 코바늘에 실을 건다.

21 사슬 3개 중 2개를 한 번에 뺀다.

22 코바늘에 실을 건다.

23 남은 사슬 2개를 한 번에 뺀다.

24 한길긴뜨기가 완성된 모습

25 코바늘에 실을 건다.

26 구멍에 코바늘을 넣는다.

27 실을 걸어 구멍을 나온다.

28 코바늘에 3코가 걸려 있게 된다.

29 코바늘에 실을 건다.

30 사슬 3개 중 2개를 한 번에 뺀다.

31 사슬 2개가 남게 된다.

32 코바늘에 실을 건다.

33 사슬 2개를 한 번에 뺀다.

34 한길긴뜨기 2개가 만들어진 모습

35 코바늘에 실을 건다.

36 사슬 1개짜리 구멍에 코바늘을 넣는다.

37 코바늘이 끼워진 모습

38 코바늘에 실을 건다.

39 코바늘에 3코가 걸려 있게 된다.

40 코바늘에 실을 건다.

41 사슬 3개 중 2개를 한 번에 뺀다.

42 사슬 2개가 남게 된다.

43 코바늘에 실을 걸어 사슬 2개를
한 번에 뺀다.

44 한길긴뜨기 1개가 만들어진 모습

45 한길긴뜨기 3개가 만들어진 모습

46 그다음 사슬 2개짜리 구멍에 한길 긴뜨기 3개를 만들어준다.

47 사슬뜨기 3코를 만들어준다.

48 코너 부분은 한길긴뜨기 3개짜리를 2번 떠준다.

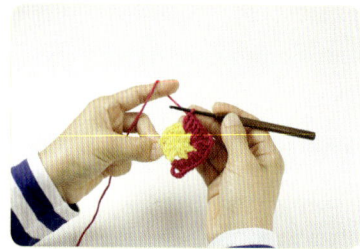

49 사슬뜨기 1개짜리 구멍엔 한길긴뜨기 3개를 떠준다.

50 코너에 한길긴뜨기 3개 뜬 모습

51 사슬뜨기 3코를 만든 모습

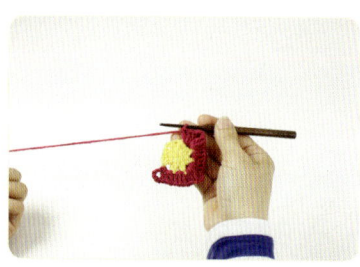

52 같은 구멍에 한길긴뜨기 3개 뜬 모습

53 사슬 1개짜리 구멍에 한길긴뜨기 3개 뜬 모습

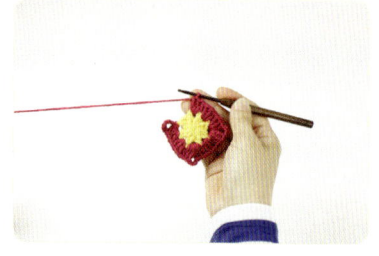

54 사슬 2개짜리 구멍에 한길긴뜨기 3개 뜬 모습

55 사슬뜨기 3코를 만든 모습

56 같은 구멍에 한길긴뜨기 3개를 뜬 모습

57 사슬 1개짜리 구멍에 한길긴뜨기 3개 뜬 모습

58 시작한 구멍에 한길긴뜨기 2개를 뜬다.

59 처음에 사슬뜨기 6코로 만들어진 구멍에 코바늘을 넣는다.

60 코바늘에 실을 건다.

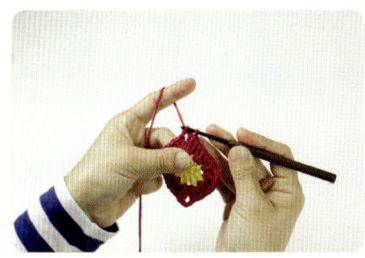

61 구멍으로 나온다.

62 사슬코를 통과해준다.

63 빼뜨기가 된 모습(59~62 : 빼뜨기과정)

64 1단 때처럼 실을 잘라 마지막 코를
통과하면 2단이 완성된다.

65 2단 완성

뜨는 과정 - 3단

1 완성된 2단 사슬 3개짜리 네 귀퉁이 중 한 곳에 새 실을 끼운다.

2 가볍게 1번 묶어준다.

3 코바늘을 실이 묶인 구멍에 넣는다.

4 코바늘에 실을 걸어 구멍을 빠져 나온다. (시작코)

5 코바늘에 실을 건다.

6 사슬코를 통과하여 뺀다.

7 코바늘에 실을 건다.

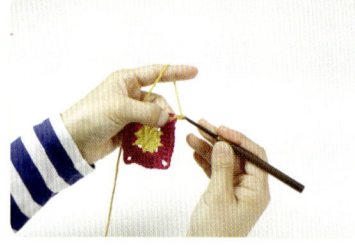

8 사슬코를 통과하여 뺀다.

9 사슬뜨기 2코가 된 모습

10 사슬뜨기 3코가 된 모습

11 사슬뜨기 6코가 된 모습

12 코바늘에 실을 건다.

13 구멍에 코바늘을 넣는다.

14 코바늘에 실을 걸어 구멍으로 나온다.

15 코바늘에 3코가 걸려 있게 된다.

16 코바늘에 실을 건다.

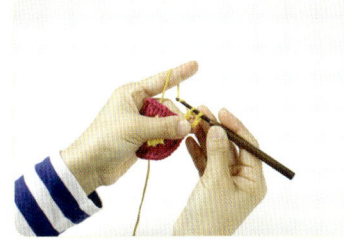

17 사슬 3개 중 2개를 한 번에 빼고 코바늘에 실을 건다.

18 남은 사슬 2개를 한 번에 빼면 한길 긴뜨기가 완성된다.

19 코바늘에 실을 건다.

20 구멍에 코바늘을 넣는다.

21 실을 걸어 구멍을 나온다.

22 코바늘에 실을 건다.

23 사슬 3개 중 2개를 한 번에 뺀다.

24 코바늘에 실을 건다.

25 사슬 2개를 한 번에 뺀다.

26 지금 뜨던 구멍에 다시 코바늘을 넣어 실을 걸어온다.

27 코바늘에 3코가 걸려 있게 된다.

28 코바늘에 실을 건다.

29 사슬 3개 중 2개를 한 번에 뺀다.

30 코바늘에 실을 걸어 사슬 2개를 한 번에 뺀다.

31 한길긴뜨기 3개가 만들어진 모습

32 그 다음 구멍에 한길긴뜨기 3개를 만들어준다.

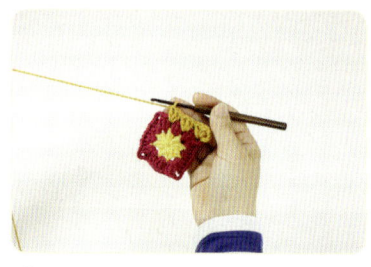

33 한길긴뜨기 3개짜리가 3개 만들어진 모습

34 코너에 한길긴뜨기 3개 뜬 모습

35 사슬뜨기 3코를 만들어준다.

36 코너 부분은 한길긴뜨기 3개짜리를 2번 떠준다.

37 다음 구멍에 한길긴뜨기 3개 뜬 모습

38 또 그다음 구멍에 한길긴뜨기 3개 뜬 모습

39 코너에 한길긴뜨기 3개 뜬 모습

40 사슬뜨기 3코를 만들어준다.

41 코너 부분은 한길긴뜨기 3개짜리를 2번 떠준다.

42 다음 구멍에 한길긴뜨기 3개 뜬 모습

43 또 그다음 구멍에 한길긴뜨기 3개 뜬 모습

44 코너에 한길긴뜨기 3개 뜬 모습

45 사슬뜨기 3코를 만들어준다.

46 코너 부분은 한길긴뜨기 3개짜리를 2번 떠준다.

47 다음 구멍에 한길긴뜨기 3개 뜬 모습

48 또 그다음 구멍에 한길긴뜨기 3개 뜬 모습

49 시작한 구멍에 한길긴뜨기 2개를 뜬다.

50 처음에 사슬뜨기 6코로 만들어진 구멍에 코바늘을 넣는다.

51 코바늘에 실을 건다.

52 구멍으로 나온다.

53 사슬코를 통과해준다.

54 빼뜨기가 된 모습(50~54 : 빼뜨기과정)

55 실을 3~4cm 남기고 잘라준다.

56 자른 실을 사슬코에 통과시켜 당겨준다.

57 3단 완성

뜨는 과정 - 조각 잇기

1 3단까지 뜬 조각들을 원하는 배색대로 배치해본다.

2 첫 번째 조각을 4단까지 뜬다.

3 두 번째 조각의 4면 중 2면을 뜬다.

4 첫 번째 조각의 네 귀퉁이 중 한 구멍에 바늘을 찌른다.

5 코바늘에 실을 건다.

6 구멍을 빠져나온다.

7 사슬코를 통과시킨다.

8 빼뜨기 한 모습

9 코바늘에 실을 건다.

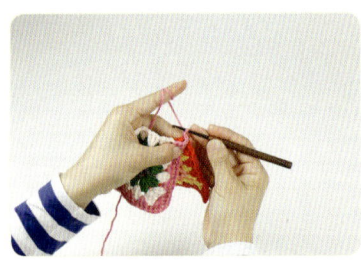

10 사슬코를 빠져나온다.

11 코바늘에 실을 건다.

12 구멍에 넣어 코바늘에 실을 건다.

13 코바늘에 3코가 걸려 있게 된다.

14 코바늘에 실을 건다.

15 사슬 3개 중 2개를 한 번에 뺀다.

16 코바늘에 실을 건다.

17 남은 사슬 2개를 한 번에 뺀다.

18 1곳이 이어진 모습

19 다음 구멍에 코바늘을 찌른다.

20 옆에서 본 모습

21 코바늘에 실을 건다.

22 사슬코를 빠져나온다.

23 빼뜨기 된 모습

24 코바늘에 실을 건다.

25 두 번째 조각 다음 구멍에 바늘을 찔러 실을 걸어 뺀다.

26 코바늘에 3코가 걸려 있게 된다.

27 코바늘에 실을 건다.

28 사슬 3개 중 2개를 한 번에 뺀다.

29 코바늘에 실을 건다.

30 남은 사슬 2개를 한 번에 뺀다. (한길긴뜨기 1개가 된 모습)

31 같은 자리에 한길긴뜨기 2개를 더 떠준다. (한길긴뜨기 3개가 된 모습)

32 첫 번째 조각 3번째 구멍에 코바늘을 찌른다.

33 코바늘에 실을 건다.

34 사슬코를 빠져나온다. (빼뜨기)

35 한 면을 다 이은 모습

36 나머지 면은 도안대로 뜬다. (2조각이 이어진 모습)

37 4면 중 2면을 뜬 세 번째 조각을 먼저 이어 놓은 두 조각의 사이에 코바늘을 찌른다.

38 코바늘에 실을 건다.

39 빼뜨기가 된 모습

40 코바늘에 실을 걸고 구멍에 코바늘을 넣어 또 실을 걸어 나온 모습

41 코바늘에 실을 걸어 사슬 2개를 한 번에 뺀 모습

42 나머지 2개를 한 번에 뺀 모습(한길긴뜨기 1개 뜬 모습)

43 코바늘에 실을 걸고 구멍에 코바늘을 넣어 또 실을 걸어 나온 모습

44 코바늘에 실을 걸어 사슬 2개를 한 번에 뺀 모습

45 나머지 2개를 한 번에 뺀 모습(한길긴뜨기 2개 뜬 모습)

46 세 번째 조각의 1곳이 이어진 모습

47 다음 구멍에 코바늘을 찌른다.

48 코바늘에 실을 건다.

49 사슬을 통과해서 나온다.

50 빼뜨기로 이어진 모습

51 세 번째 조각의 한 면이 이어진 모습

52 세 조각이 이어진 모습

53 네 번째 조각의 한 면을 뜬다.

54 앞의 방법처럼 한 면을 이어준다.

55 첫 번째 조각과 세 번째 조각 사이에 코바늘을 찌른다.

56 코바늘에 실을 건다.

57 사슬을 통과해 나온다.

58 빼뜨기가 된 모습

59 또 한 면이 이어진 모습

60 4조각이 모두 이어진 모습

뜨는 과정 - 테두리뜨기

1 조각 잇기가 끝난 네 귀퉁이 중 한 곳에 테두리 뜰 실을 끼운다.

2 가볍게 한 번 묶어준다.

3 구멍에 코바늘을 넣어 실을 건다.

4 구멍을 빠져 나온다.

5 코바늘에 실을 건다.

6 사슬을 통과하여 나온다. (사슬1코-짧은 뜨기 시작을 위한 코 세우기)

7 구멍에 코바늘을 넣어 실을 건다.

8 구멍을 빠져 나온다.

9 코바늘에 실을 건다.

10 사슬 2개를 한 번에 뺀다.

11 구멍에 코바늘을 넣어 실을 건다.

12 구멍을 빠져 나온다.

13 코바늘에 실을 건다.

14 사슬 2개를 한 번에 뺀다.

15 한길긴뜨기 코에 코바늘을 넣어 실을 건다.

16 구멍을 빠져 나온다.

17 사슬 2개를 한 번에 뺀다.

18 두 번째 한길긴뜨기 코에 코바늘을 넣는다.

19 코바늘에 실을 건다.

20 구멍을 빠져 나온다.

21 코바늘에 실을 건다.

22 사슬 2개를 한 번에 뺀다.

23 한길긴뜨기 코마다 짧은뜨기를 뜨고 나서 구멍에 코바늘을 찌른다.

24 코바늘에 실을 건다.

25 구멍을 빠져 나온다.

26 코바늘에 실을 건다.

27 사슬 2개를 한 번에 뺀다.

28 조각과 조각 사이에 코바늘을 찌른다.

29 코바늘에 실을 건다.

30 구멍을 빠져 나온다.

31 코바늘에 실을 건다.

32 사슬 2개를 한 번에 뺀다.

33 두 번째 조각 귀퉁이 구멍에 코바늘을 찌른다.

34 코바늘에 실을 건다.

35 구멍을 빠져 나온다.

36 코바늘에 실을 건다.

37 사슬 2개를 한 번에 뺀다.

38 짧은뜨기 된 모습

39 조각 잇기가 되어 있는 네 귀퉁이 구멍에 짧은뜨기를 3번씩 해주면서 쭈욱 떠서 시작한 구멍엔 짧은뜨기 1개를 뜬다.

40 첫 코 사슬에 코바늘을 찌른다.

41 코바늘에 실을 건다.

42 한 번에 뺀다. (빼뜨기)

43 코바늘에 실을 건다.

44 사슬을 통과한다. (사슬뜨기 1코-짧은 뜨기 기둥코)

45 빼뜨기한 곳에 코바늘을 찔러 실을 걸어 빠져나온다.

46 코바늘에 실을 건다.

47 사슬 2개를 한 번에 뺀다.

48 다음 짧은뜨기 사슬코에 코바늘을 찔러 실을 걸어 빠져나온다.

49 코바늘에 실을 건다.

50 사슬 2개를 한 번에 뺀다.

51 테두리뜨기 2단을 뜬 모습(2단 때에도 네 귀퉁이의 1코에 짧은뜨기를 3번씩 떠준다.)

52 세번째 단도 2번째단 시작과 동일하게 시작해서 짧은뜨기 5코를 떠준다.

53 사슬뜨기 5코를 만들어준다.

54 5번째 짧은뜨기 사슬 2가닥 중에 1가닥과 아래보이는 가닥에 코바늘을 찌른다.

55 실 2가닥이 코바늘 위로 보여야 한다.

56 코바늘에 실을 건다.

57 실 두 가닥을 통과하여 나온다.

58 오른쪽에 걸려 있던 사슬코를 통과하여 나온다. (피코뜨기)

59 사슬뜨기 5코를 잡고 빼주면 더 수월하다.

60 다음 코에 코바늘을 찔러 준다.

61 코바늘에 실을 걸어 나온다.

62 코바늘에 실을 걸어 2개를 한 번에 빼준다.

63 짧은뜨기 5코→피코뜨기→짧은뜨기 1코까지 뜬 모습

64 짧은뜨기 4개를 더 떠준다(총 5개).

65 사슬뜨기 5코를 만들어준다.

66 5번째 짧은뜨기 사슬 2가닥 중에 1가닥과 아래 보이는 가닥에 코바늘을 찌른다.

67 코바늘에 실을 건다.

68 실 두 가닥을 통과하여 나온다.

69 그대로 사슬코를 통과하여 나온다. (피코뜨기)

70 사슬뜨기 5코를 잡고 빼주면 모양도 더 예쁘게 나온다.

71 다음 코에 코바늘을 찔러 준다.

72 코바늘에 실을 걸어 나온다.

73 코바늘에 실을 걸어 2개를 한 번에 빼준다.

74 짧은뜨기 5코→피코뜨기→짧은뜨기 5코→ 피코뜨기→짧은뜨기 5코까지 뜬 모습

75 짧은뜨기 5코, 피코뜨기를 반복해서 테두리 1단을 떠서 완성된 모습

그레니 스퀘어 블랭킷

사이즈: 가로 95cm x 세로 95cm
사용실과 사용량: 네코 10color 각 90g씩
401화이트, 404머스타드, 409핑크, 414레드빈, 416퍼플,
419블루, 421네이비, 424그라스그린, 426딥베이지, 428브라운
사용도구: 모사용 코바늘 5/0호

뜨는 법: 무늬뜨기 45단 + 테두리뜨기 1단

419(2단) → 401(1단) → 426(2단) → 416(2단) → 401(1단) → 409(2단) → 421(2단) → 401(2단) →
404(2단) → 401(1단) → 424(1단) → 401(1단) → 414(2단) → 426(2단) → 428(1단) → 409(1단) →
419(3단) → 421(2단) → 401(1단) → 416(2단) → 404(2단) → 426(2단) → 424(2단) → 414(2단) →
409(2단) → 414(2단) → 테두리무늬 414(1단)

테두리무늬 A : 짧은뜨기 5코, 피코뜨기 반복

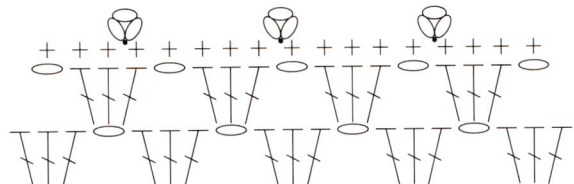

도안

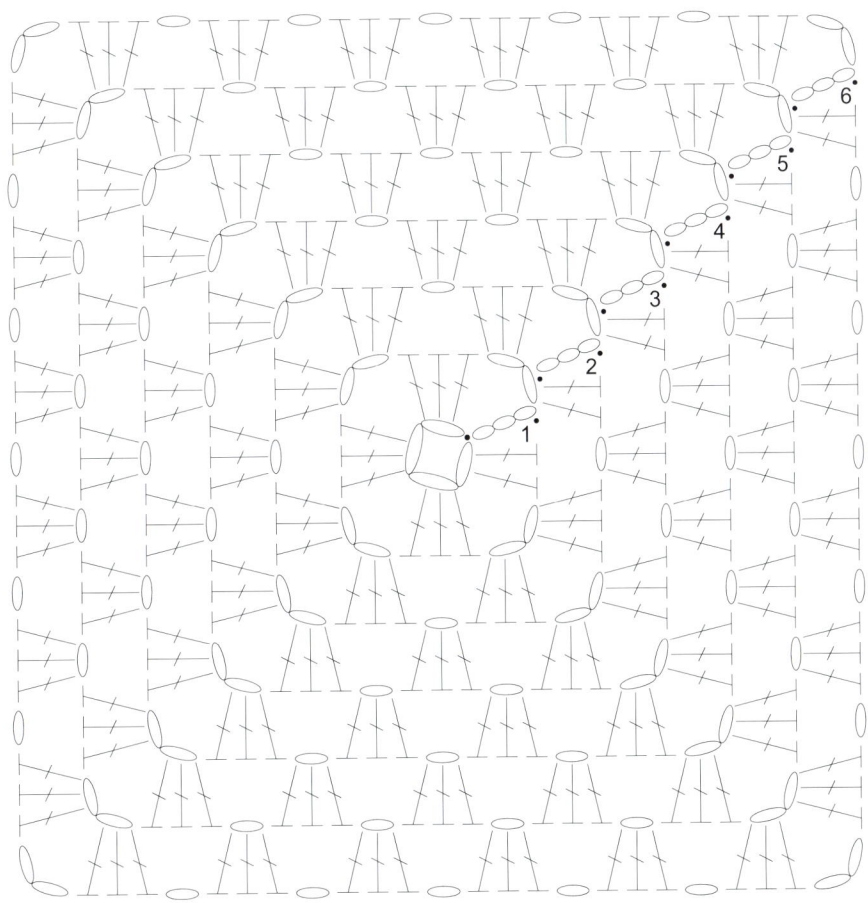

파스텔 스퀘어 블랭킷

사이즈: 가로 105cm x 세로 80cm
사용실과 사용량: 네코 12color
401화이트, 404머스타드, 425베이지 – 각 3볼(1볼=45g)
402크림, 407베이비핑크, 408러브토마토, 410딥핑크, 414레드빈,
415라이트퍼플, 417민트, 418베이비블루, 422베이비그린,
424그라스그린 – 각 1볼
사용도구: 모사용 코바늘 5/0호

뜨는 법: 사각 12단짜리 12조각 뜨기
각 색실로 11단까지 뜨고 12단은 화이트로 뜨면서 빼뜨기로 조각을 잇는다. 12조각이 다 이어지면
전체 테두리를 그레니 스퀘어 무늬로 401화이트(1단) → 425베이지(1단) → 404머스타드(1단) 뜨고
404머스타드로 테두리 무늬를 뜬다.

도안

테두리무늬 A : 짧은뜨기 5코, 피코뜨기 반복

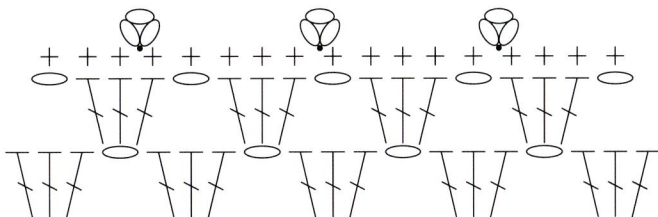

배열

다크 블랭킷

사이즈: 가로 135cm x 세로 110cm

사용실과 사용량: 히말라야 데님 20볼(1볼=50g), 모어-검정 5볼
01브라운 1볼, 02버건디 3볼, 03카키 3볼, 04네이비 1볼,
05슬레이트블루 2볼, 08차콜 1볼, 09민트 1볼, 10라임 1볼,
11아쿠아 2볼, 12오렌지 3볼, 13딥핑크 1볼

사용도구: 모사용 코바늘 4/0호

뜨는 법: 사각 15단짜리 20조각 뜨기
각 색실로 13단까지 뜨고 검정실로 14단, 15단을 뜬다.
15단째에서는 빼뜨기로 조각을 연결하며 뜬다.

도안

12 오렌지	05 슬레이트블루	03 카키	01 브라운	02 버건디
03 카키	10 라임	12 오렌지	09 민트	11 아쿠아
08 차콜	13 딥핑크	11 아쿠아	02 버건디	03 카키
02 버건디	09 민트	04 네이비	05 슬레이트블루	12 오렌지

배열

롤리팝 블랭킷

사이즈: 가로 60cm x 세로 80cm

사용실과 사용량: 네코 13color

425베이지(3볼) 130g

A-404머스타드, B-408러브토마토, C-410딥핑크,

D-418베이비블루, E-422베이비그린, F-431크림아이보리,

G-433감귤, H-434인디핑크, I-435라일락, J-438올리브,

K-441베이비옐로우, L-442베이비그린 각 15g씩

사용도구: 모사용 코바늘 5/0호

뜨는 법: 원형 모티브는 다양한 색으로 뜨고 테두리는 베이지로 마무리하여 화사하면서도 차분한 느낌을 주는 롤리팝 블랭킷. 색상별로 원형 모티브를 3개씩 떠놓고 나서 색상배치도를 보면서 베이지색으로 이어주면 좀 더 쉽게 뜰 수 있다.

도안

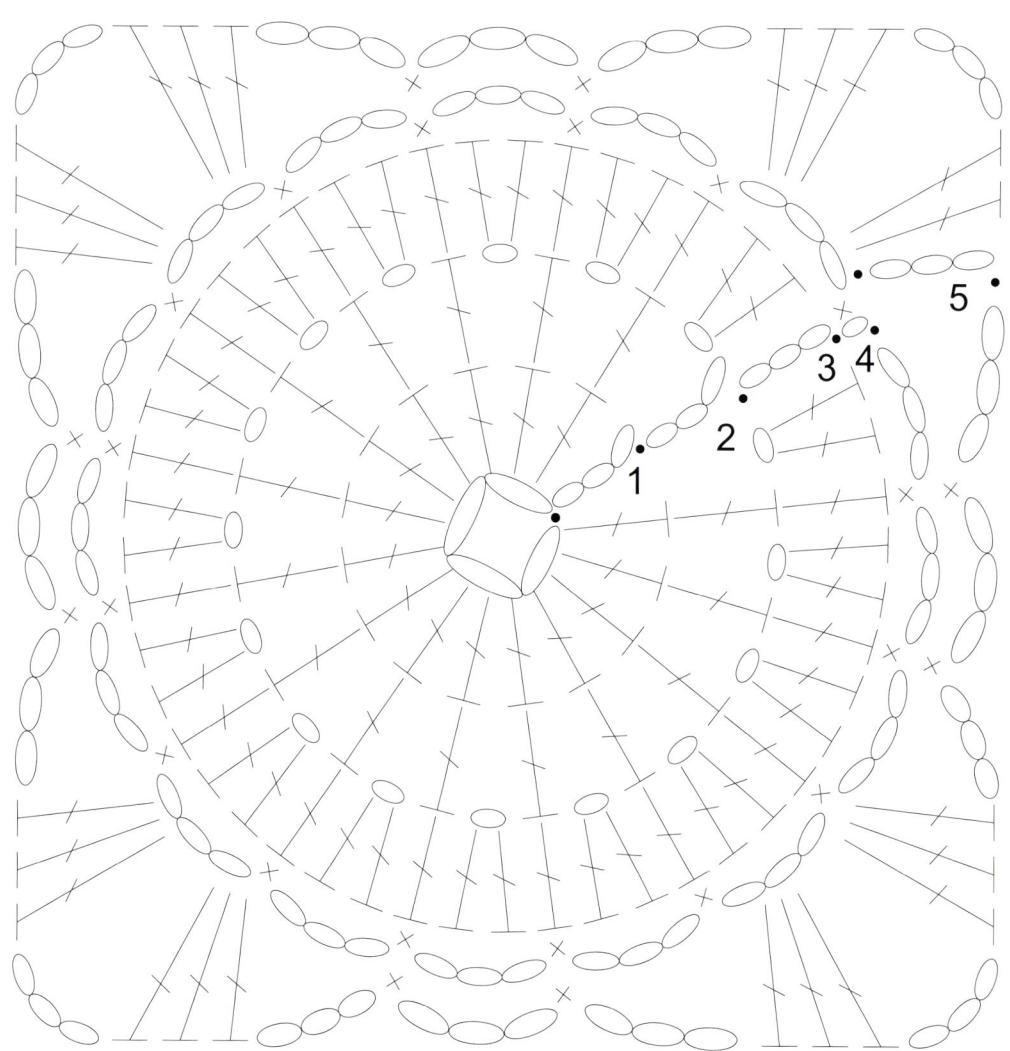

테두리무늬 C

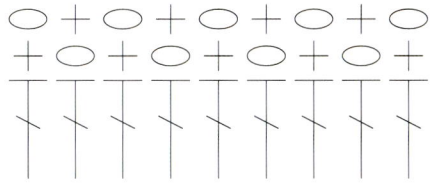

색상배치도

C	A	B	L	H	J	E	G
I	H	D	E	F	I	K	J
L	J	F	G	A	D	B	C
B	D	K	C	L	E	F	H
K	E	G	H	B	C	F	I
G	F	A	J	I	K	L	D

배열

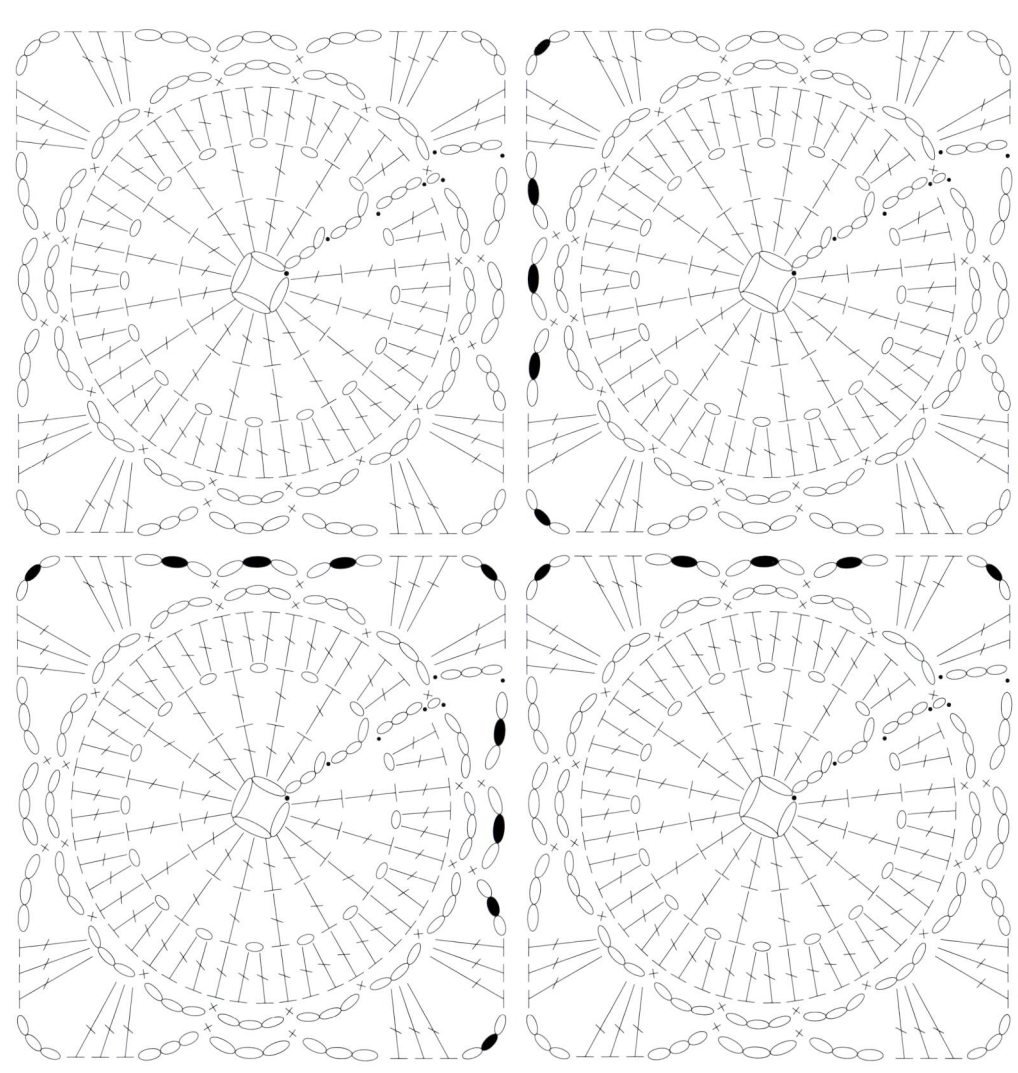

15쪽

모노톤 블랭킷

사이즈: 가로 120cm x 세로 95cm
사용실과 사용량: 빈센트리치 프리미엄 4color(1볼=80g)
7701 화이트 3볼, 7711 그레이 3볼, 7713 다크그레이 4볼,
7715 블랙 3볼
사용도구: 모사용 코바늘 5/0호

뜨는 법: 126조각

	1단	2단	3단	4,5단	
A	7713	7711	7701	7715	32조각
B	7711	7701	7715	7713	31조각
C	7701	7715	7713	7711	31조각
D	7715	7713	7711	7701	32조각

16쪽

모노톤 육각 그린 블랭킷

사이즈: 가로 120cm x 세로 110cm
사용실과 사용량: 네코 4color
402크림 7볼, 422베이비그린 6볼, 423옐로우그린 6볼,
424그라스그린 8볼
사용도구: 모사용 코바늘 5/0호

뜨는 법: 132조각

	1단	2단	3단	4,5단	
A	424	423	422	402	32조각
B	423	422	402	424	32조각
C	422	402	424	423	34조각
D	404	424	423	422	34조각

18쪽

모노톤 육각 레드 블랭킷

사이즈: 가로 120cm x 세로 110cm
사용실과 사용량: 네코 4color(1볼=45g)
404머스타드 7볼, 412레드 6볼, 413딥레드 6볼, 414레드빌 8볼
사용도구: 모사용 코바늘 5/0호

뜨는 법: 132조각

	1단	2단	3단	4,5단	
A	413	412	404	414	32조각
B	414	413	412	404	32조각
C	404	414	413	412	34조각
D	412	404	414	413	34조각

도안

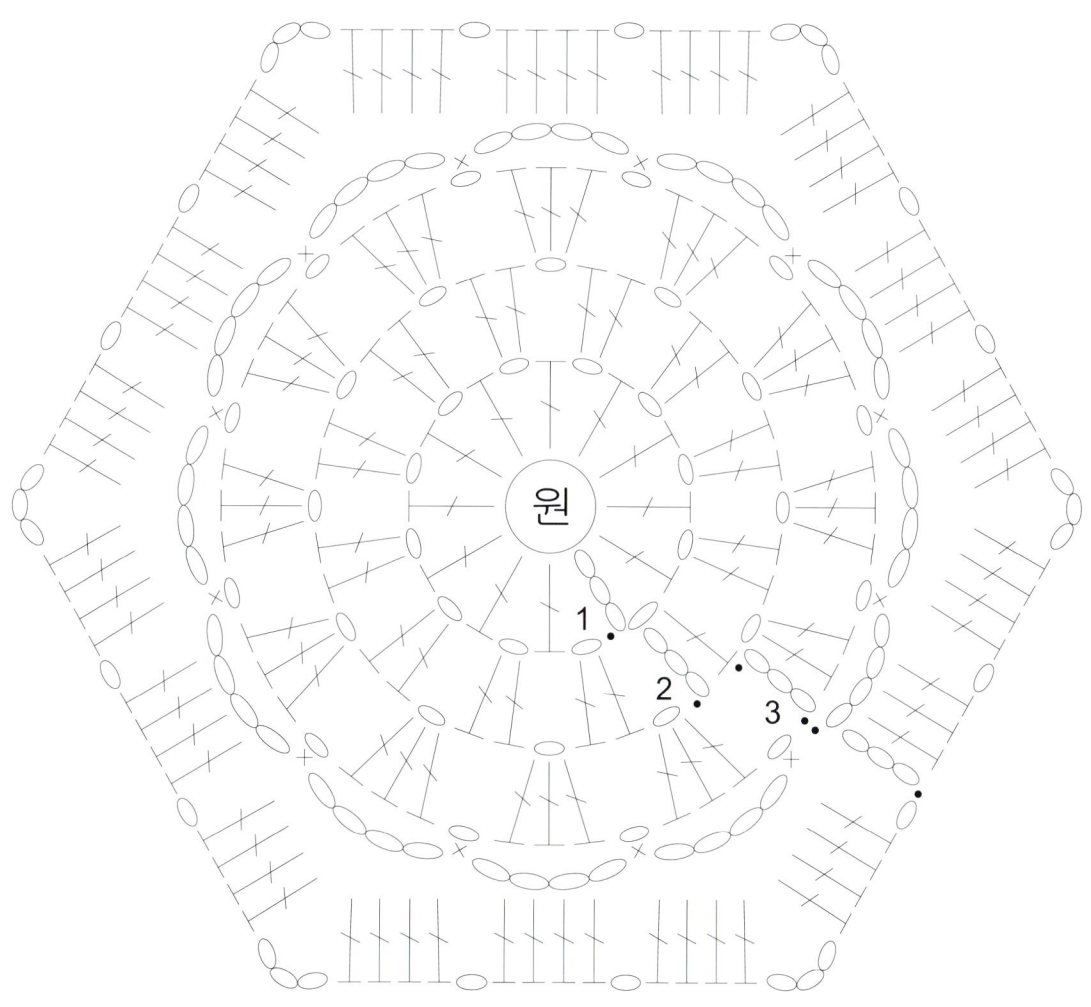

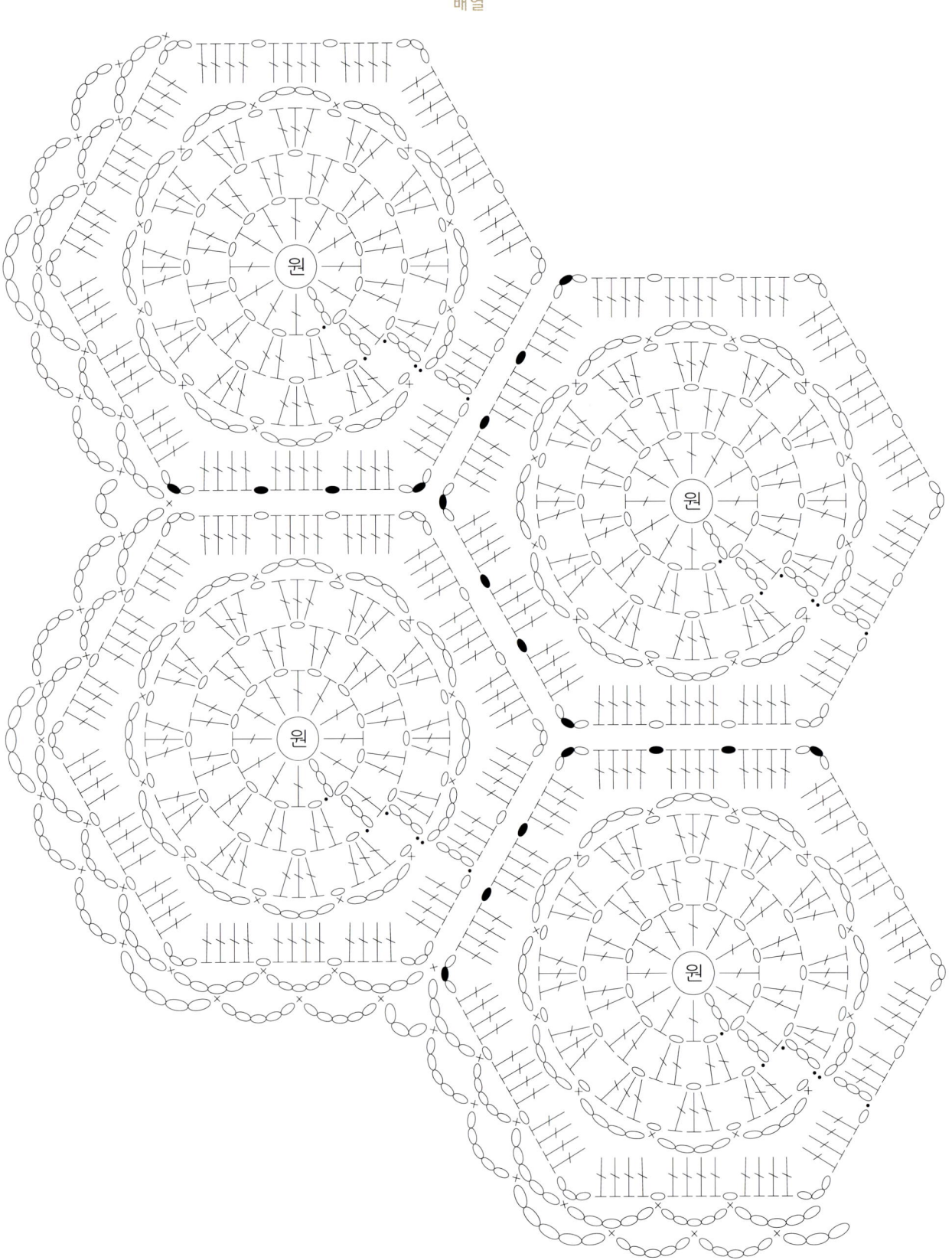

32개   31개   31개   32개

총 126개

20쪽

오누이 담요

사이즈: 가로 60cm x 세로 75cm
사용실과 사용량: 네코 4color(1볼=45g)
Boy 437그린 4볼, 442베이비민트 3볼
Girl 411붉은체리 4볼, 434인디핑크 3볼
사용도구: 모사용 코바늘 5/0호

뜨는 법: 연한 색 실 120코로 시작
연한 색 2단, 진한 색 2단을 반복해서 총 74단을 뜬다.
색을 바꿀 때는 실을 자르지 말고 그대로 두었다가 뜰 순서가 되면 실을 끌어올려 뜨면 된다. 끌어
올린 실은 테두리 뜨기할 때 함께 뜨면 된다. 테두리는 한길긴뜨기로 3단 돌려준다. 혹시 테두리를
뜨다가 밀림현상이 생기면 단이 바뀔 때마다 뜨는 진행방향을 바꾸면 된다.

도안

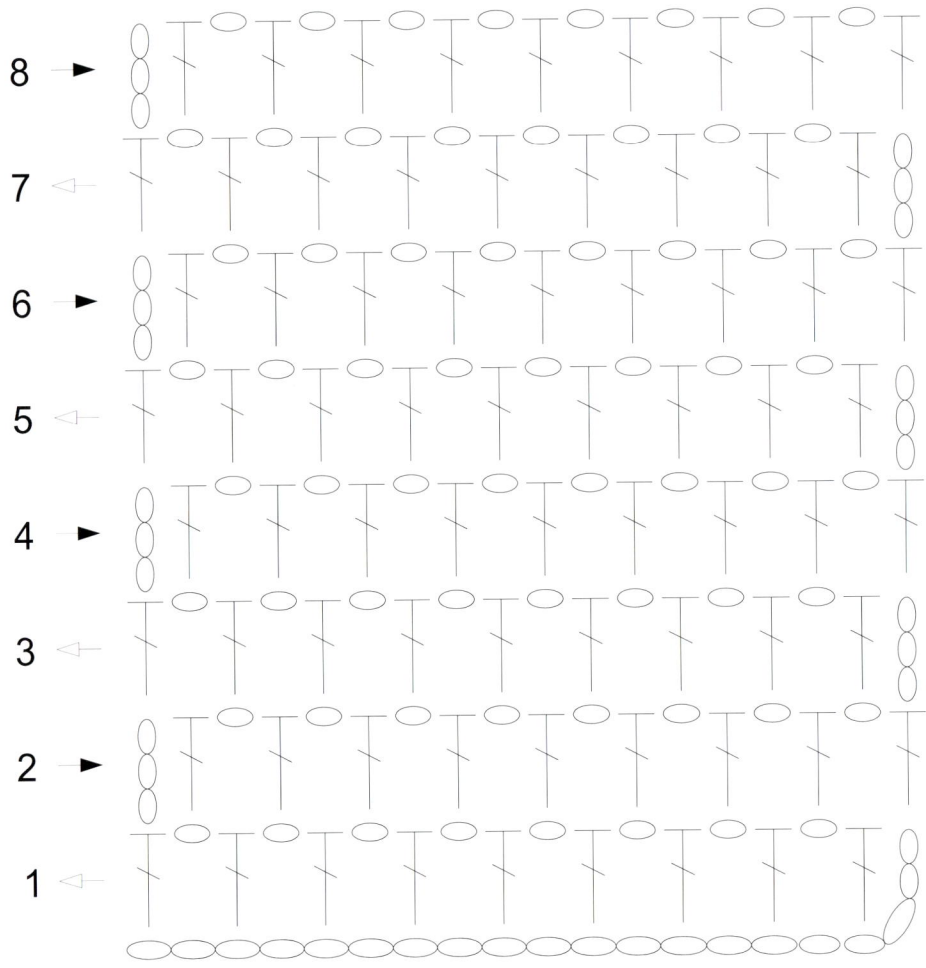

선샤인 스퀘어 블랭킷

사이즈: 가로 100cm × 세로 100cm
사용실과 사용량: 빈센트 3P 11color
A-2766, B-2765, C-2742, D-2770, E-2758, F-2763,
G-2753, H-2767, I-2768, J-2756
2757아이보리
사용도구: 모사용 코바늘 5/0호(빈센트 3P 2겹 합사)

뜨는 법: 빈센트 3P 2겹으로 뜨기
4단까지는 색실로 뜨고 5단은 2757아이보리로 뜬다.
색상배치도를 참고하여 총 81조각을 뜬 후, 돗바늘을 이용해 감침질로 조각들을 잇는다. 다 잇고
나면 테두리무늬를 뜬다.

도안

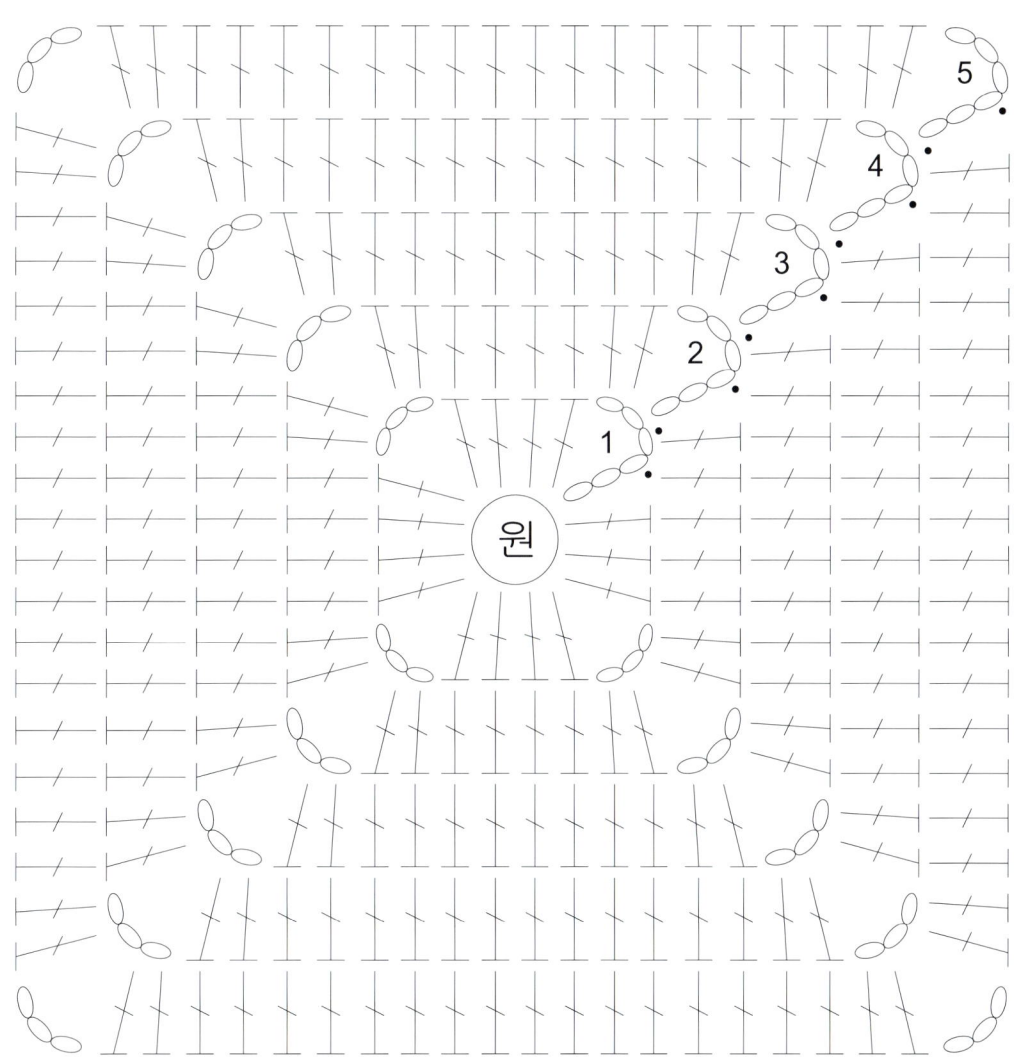

테두리무늬 D

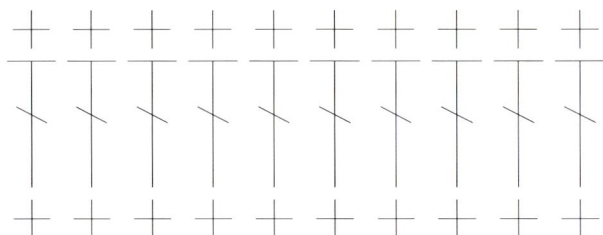

색상배치도

G	F	E	D	C	B	A	J	I
F	E	D	C	B	A	J	I	H
E	D	C	B	A	J	I	H	G
D	C	B	A	J	I	H	G	F
C	B	A	J	I	H	G	F	E
B	A	J	I	H	G	F	E	D
A	J	I	H	G	F	E	D	C
J	I	H	G	F	E	D	C	B
I	H	G	F	E	D	C	B	A

선샤인 블랭킷 조각 잇기

1 조각들을 원하는 배색대로 배치해본다.

2 두 조각 코너 부분의 사슬 3개 중 가운데 사슬에 실이 끼워진 돗바늘을 끼운다.

3 실이 통과된 모습

4 가볍게 한 번 묶어준다.

5 바로 옆 사슬코를 돗바늘로 찔러준다.

6 돗바늘이 지나간 모습

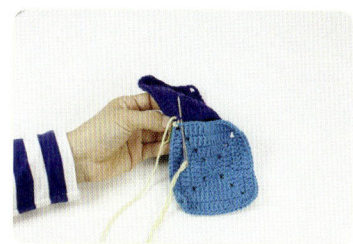

7 한길긴뜨기 사슬코의 한 가닥씩을 돗바늘로 찔러준다.

8 돗바늘이 지나간 모습

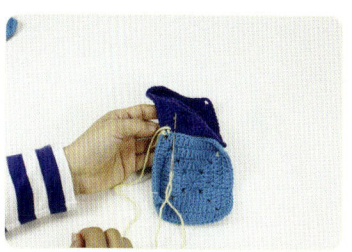

9 두 번째 한길긴뜨기 사슬코의 한 가닥씩을 돗바늘로 찔러준다.

10 돗바늘이 지나간 모습

11 사진처럼 한 코씩 감침질로 꿰매준다.

12 사슬 부분도 꿰매준다.

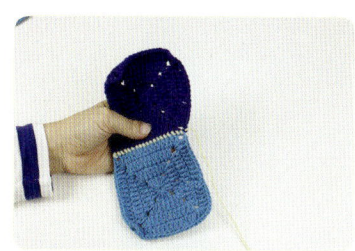

13 가운데 사슬까지 꿰맨 모습

14 가운데 사슬 부분은 한 번 더 지나가준다.

15 두 조각이 이어진 모습

16 또 다른 두 조각 코너 부분의 사슬 3개 중 가운데 사슬에 돗바늘을 끼운다.

17 돗바늘이 지나간 모습

18 실을 적당히 당겨주고 같은 자리에 돗바늘을 한 번 더 찔러준다.

19 실을 적당히 당겨준다.

20 앞에 두 조각을 이을 때처럼 감침질로 꿰매준다.

21 사슬 3개 중 가운데 코는 한 번 더 지나가준다.

22 뒤집어서 본 모습

23 가운데 사슬의 뒤쪽에서 한 가닥씩을 돗바늘로 찔러 지나간다.

24 다음 코도 같은 방법으로 지나간다.

25 지나간 실에 돗바늘을 찔러준다.

26 마무리하는 과정

27 돗바늘이 지나간 모습

28 양쪽 다음 코를 한 가닥씩 돗바늘로 찔러서 지나간다.

29 한 번 더 다음 코도 지나가준다.

30 이 정도만 지나가주면 마무리가 된다. 따로 묶어주거나 매듭을 짓지 않아도 된다.

31 실을 자르면 마무리가 끝난다.

32 꿰맨 가로 열을 세로 열로 두고 아까와 같은 방법으로 두 조각을 꿰매준다.

33 가운데 사슬은 꼭 두 번 지나가준다.

34 귀퉁이 부분은 구멍이 아닌 사슬코를 꿰매 주어야 편편하게 이어진다.

35 네 조각이 다 꿰매진 앞모습

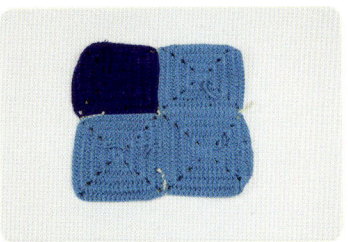

36 실 마무리까지 끝난 뒷모습

클래식 블랭킷

사이즈: 가로 90cm x 세로 70cm

사용실과 사용량: 네코 13color, 1조각=6g

404 6조각, 408 6조각, 410 7조각, 418 6조각, 422 7조각,
425 6조각, 432 7조각, 434 6조각, 435 6조각, 436 6조각,
438 4조각, 441 7조각, 442 6조각

사용도구: 모사용 코바늘 5/0호

뜨는 법: 배색도를 참고하여 빼뜨기로 연결하며 뜬다. 테두리뜨기가 없어서 편하다.

도안

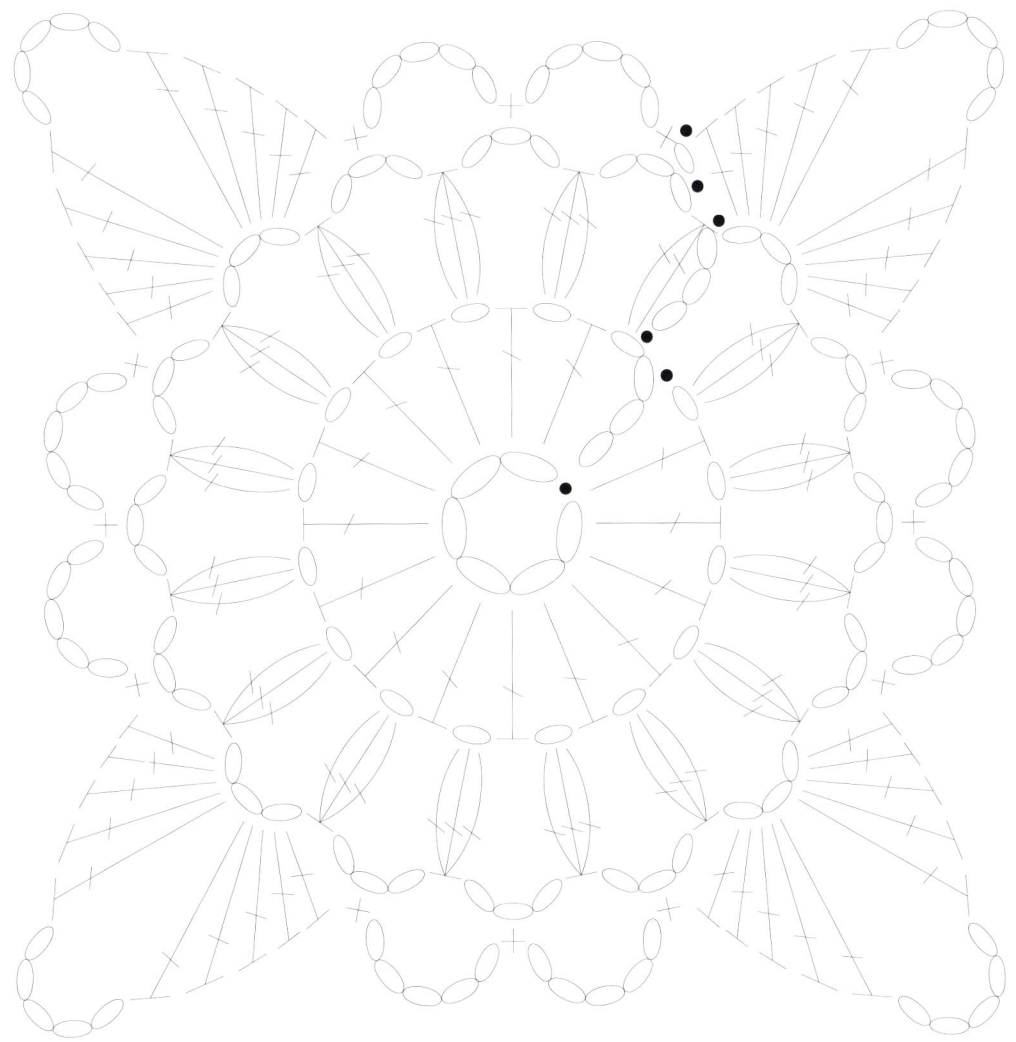

441	435	418	408	410	442	436	425	432	422
436	404	442	434	435	425	408	438	441	410
410	408	436	438	441	410	432	418	422	435
404	425	410	432	422	404	441	434	436	442
422	434	441	442	418	435	425	408	438	432
432	418	425	422	441	432	436	404	434	435
434	404	410	436	408	434	438	432	441	422
442	408	418	422	404	435	442	410	418	425

배열

색상배치도

26쪽

빈티지 블랭킷

사이즈: (大) 가로 90cm x 세로 120cm, (小) 가로 55cm x 세로 75cm
사용실과 사용량: 히말라야 데님 5color(1볼=50g)
(大) 02버건디 150g, 03카키 120g, 09민트 150g,
　　 11아쿠아 120g, 12오렌지 150g
(小) 02버건디, 03카키, 09민트, 11아쿠아, 12오렌지
사용도구: 모사용 코바늘 5/0호

뜨는 법: 시작코 (大) 169코, (小) 121코　　(4의 배수 + 1코)
색상 순서대로 색상마다 2단씩 뜨기. (大) 106단, (小) 80단
색상순서: 02버건디 → 12오렌지 → 09민트 → 11아쿠아 → 03카키

도안

물결 블랭킷

사이즈: (大) 가로 90cm x 세로 110cm, (小) 가로 50cm x 세로 60cm

사용실과 사용량: (大) 네코 25color, (小) 네코 24color

(大) 404머스타드, 405오렌지, 411붉은체리, 412레드, 416퍼플,
424그래스그린, 427라이트브라운 – 각 25g씩
401화이트, 402크림, 406파치, 407베이비핑크, 408러브토마토,
410딥핑크, 413딥레드, 414레드빈, 415라이트퍼플, 418베이비블루,
419블루, 420로열블루, 421베이비, 422베이비그린, 423옐로우그린,
425베이지, 426딥베이지, 428브라운 – 각 45g씩

(小) 401화이트를 제외한 나머지 24color 각 20g씩

사용도구: 모사용 코바늘 5/0호

뜨는 법: 색상별로 2단씩 뜨기. 색상이 바뀌는 단은 이랑뜨기를 한다. (시작코=12의 배수+1코)

(大) 시작 193코, 총 84단

(小) 시작 109코, 총 48단

색상순서

(大) 402 → 422 → 423 → 424 → 423 → 422 → 402 → 401 → 407 → 410 → 411 → 410 →
407 → 415 → 416 → 415 → 425 → 426 → 427 → 428 → 427 → 426 → 404 → 414 →
413 → 412 → 413 → 414 → 425 → 418 → 419 → 420 → 421 → 420 → 419 → 418 →
401 → 406 → 408 → 405 → 408 → 406

(小) 402 → 422 → 423 → 424 → 411 → 410 → 407 → 415 → 416 → 428 → 427 → 426 →
404 → 414 → 413 → 412 → 425 → 418 → 419 → 420 → 421 → 405 → 408 → 406

도안

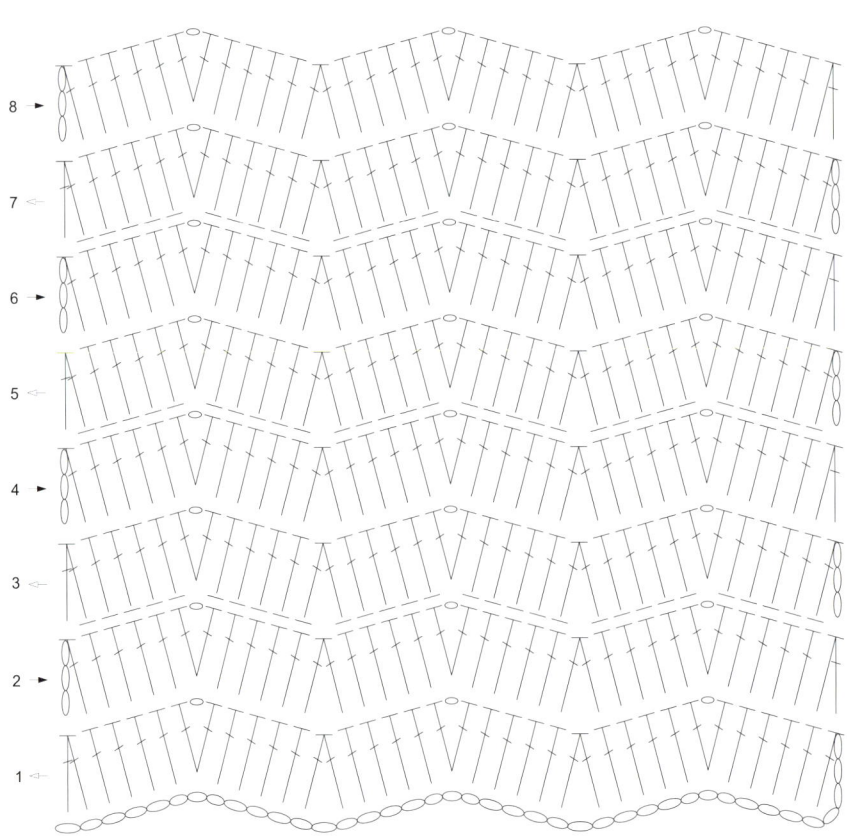

28쪽

삐죽빼죽 블랭킷

사이즈: 가로 105cm x 세로 120cm

사용실과 사용량: 빈센트 3P 4color

2776-240g, 2775-240g, 2764-240g, 2763-300g

사용도구: 모사용 코바늘 5/0호(빈센트 3P 2겹 합사)

뜨는 법: 시작코 295코(12무늬)

2776 → 2775 → 2764 → 2763

순서대로 색상마다 2단씩 뜬다. 총 108단이 될 때까지 뜬다.

도안

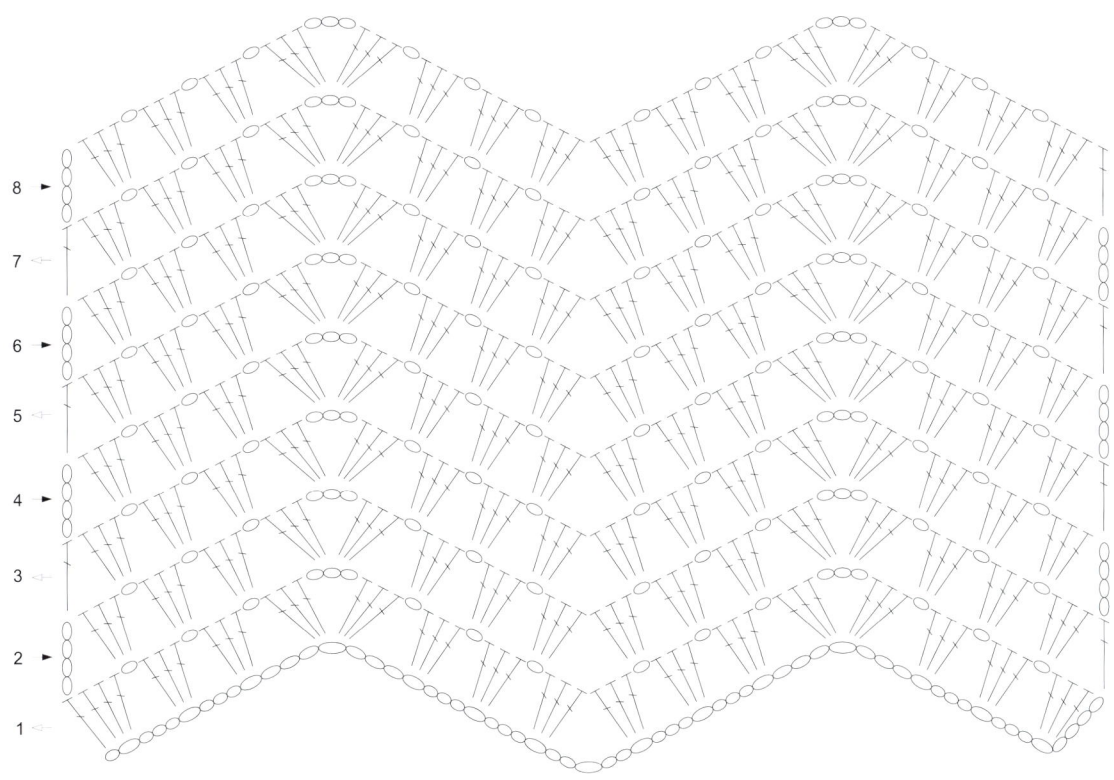

레인보우 블랭킷

사이즈: 가로 70cm x 세로 85cm
사용실과 사용량: 네코 7color (1볼=45g)
403, 405, 413, 416, 419, 421, 424 각 2볼씩
사용도구: 모사용 코바늘 5/0호

뜨는 법: 사슬뜨기 153코를 만들고 짧은뜨기로 1단 뜬 후, 무지개 순서대로 색상별로 2단씩 뜬다.
413 → 405 → 403 → 424 → 419 → 421 → 416
색상이 바뀔 때 반대방향에서 시작한다. 마무리는 416보라색으로 짧은뜨기 1단을 뜬다.

도안

32쪽

가오리 블랭킷(구. 사선 블랭킷)

사이즈: 가로 120cm x 세로 100cm
사용실과 사용량: 빈센트 3P 22color
2731, 2732, 2736, 2740, 2742, 2745, 2746, 2749, 2754, 2758, 2764,
2765, 2766, 2768, 2769, 2770, 2771, 2772, 2773, 2774, 2776, 2777
사용도구: 모사용 코바늘 4/0호, 5/0호(빈센트 3P 2겹 합사)

뜨는 법: 빈센트 3P 2겹을 모사용 5/0호로 뜬다. 처음과 마지막 색상은 5단씩 뜨고 중간 배색은
3단씩 뜬다. 도안처럼 양쪽에서 2코씩 늘려준다. 가로는 86단까지 늘리며 뜨고 세로는 71단까지
늘려주고 72단부터는 2코씩 줄여주며 뜬다.
※테두리는 모사용 코바늘 4/0호로 짧은뜨기 11단(2745다크블루 8단, 2777네이비 3단)을 돌려준다.

색상순서
2758→2774→2740→2776→2740→2774→2758→2732→2764→2765→2754→2742→2754→2765→
2764→2732→2769→2770→2736→2771→2746→2772→2746→2771→2736→2770→2769→2731→
2766→2768→2773→2745→2749→2745→2773→2768→2766→2731→2732→2764→2765→2745→
2742→2754→2765→2764→2732-2758→2774→2740→2776→2745→2777

도안

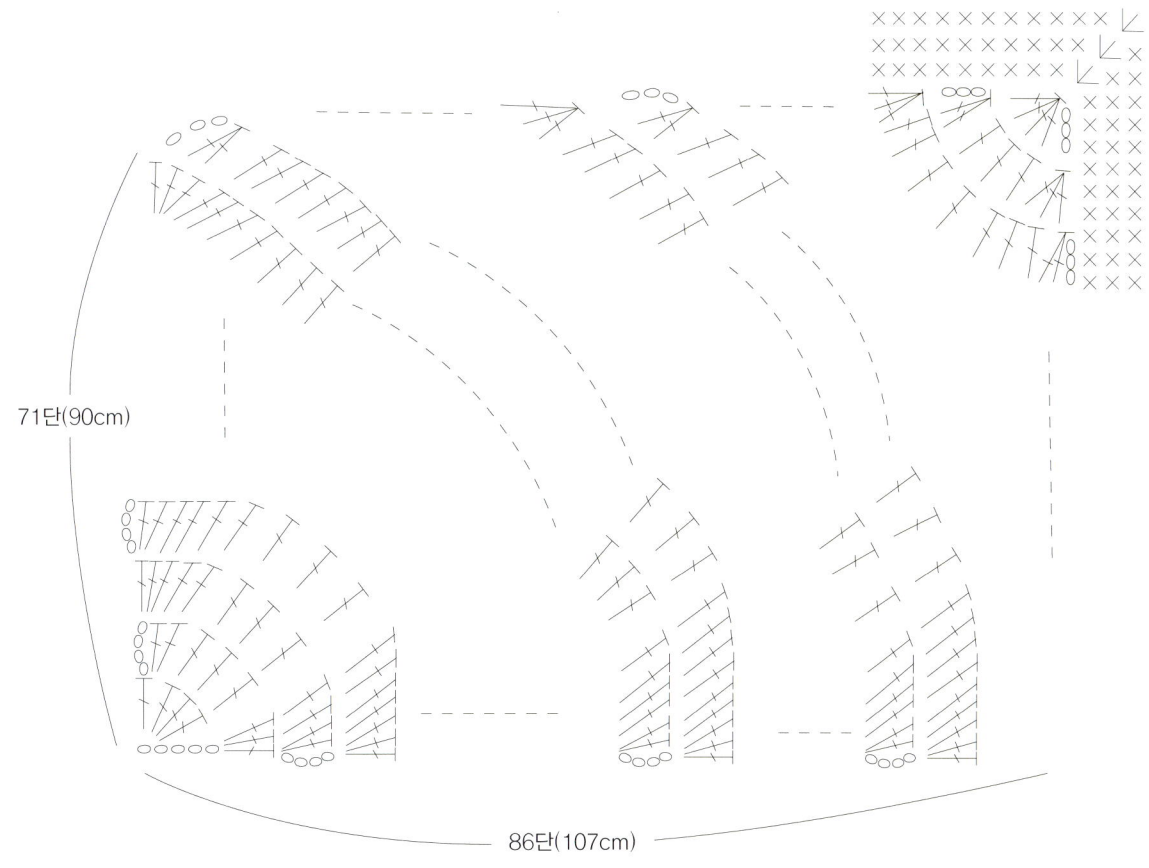

71단(90cm)

86단(107cm)

34쪽

바바리안 블랭킷

사이즈: 가로 100cm x 세로 100cm
사용실과 사용량: 네코 4color (1볼=45g)
428 8볼, 427 4볼, 426 4볼, 425 3볼
사용도구: 모사용 코바늘 5/0호

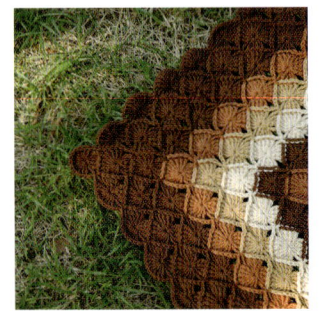

뜨는 법: 걸어뜨기에 유의하며 색상별로 2단씩 뜬다.
색상순서: 425→426→427→428

도안

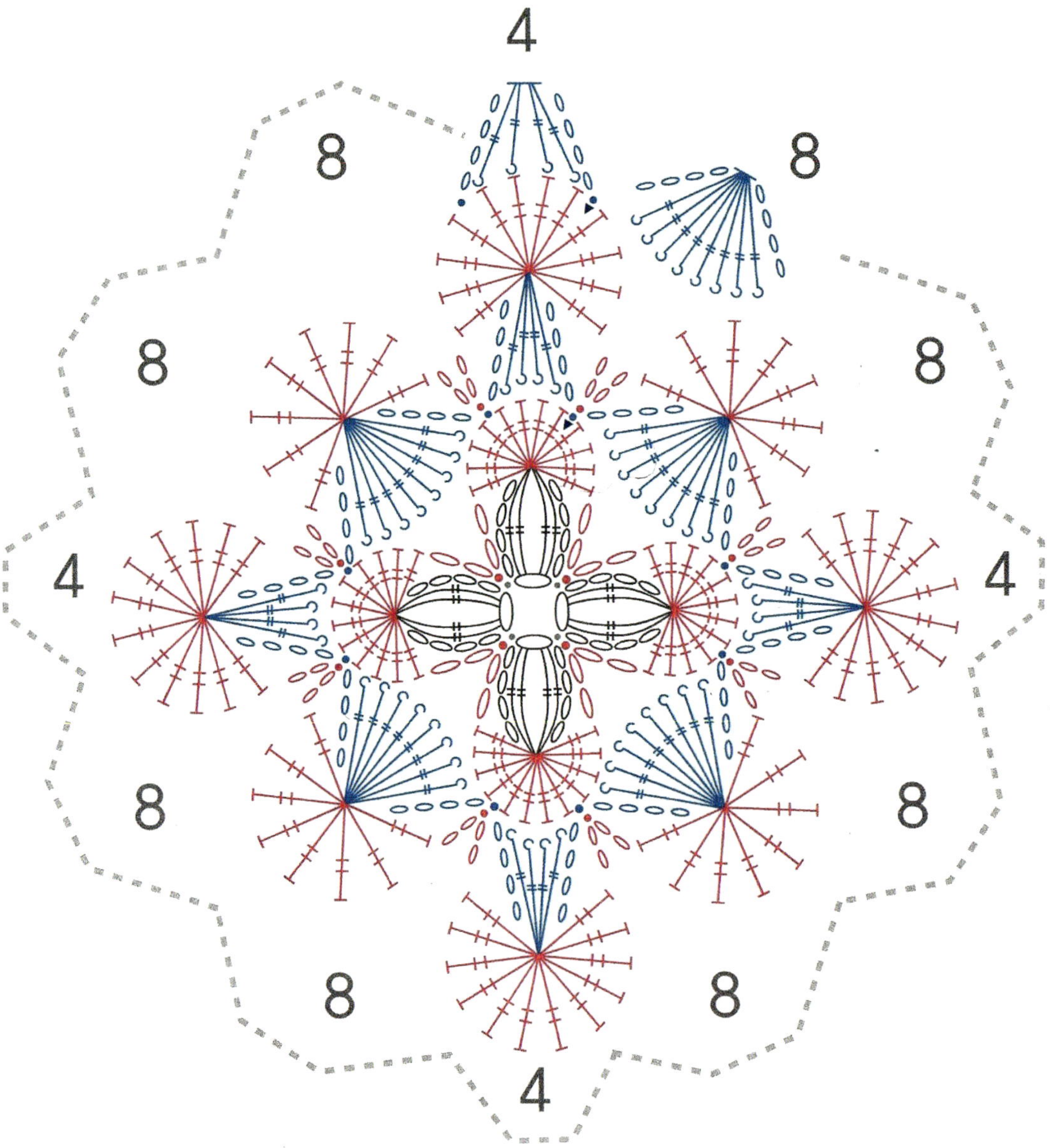

4
8
8
8
8
4
4
8
8
8
8
4

링투링 블랭킷

사이즈: 가로 100cm x 세로 105cm
사용실과 사용량: 빈센트 3P 3color
2774-420g, 2736-420g, 2746-390g
사용도구: 모사용 코바늘 5/0호(빈센트 3P 2겹 합사)

뜨는 법: 시작코 280코=9무늬 (1무늬=31코x9무늬+1코=280코)
링 만들기 – ◉ 지점에서 사슬뜨기 15코를 뜨고 빼뜨기로 이어서 고리를 만든다. ◎ 지점에서는
◉ 지점에 만들어 놓은 고리에 짧은뜨기 2코, 한길긴뜨기 23코, 짧은뜨기 2코를 뜬다. 위와 같은
방법으로 링이 완성될 때마다 엮어주면서 뜬다. 2774 → 2736 → 2746 순서대로 2단씩 총 114
단을 뜬다. 고리는 총 54개가 만들어진다.

도안

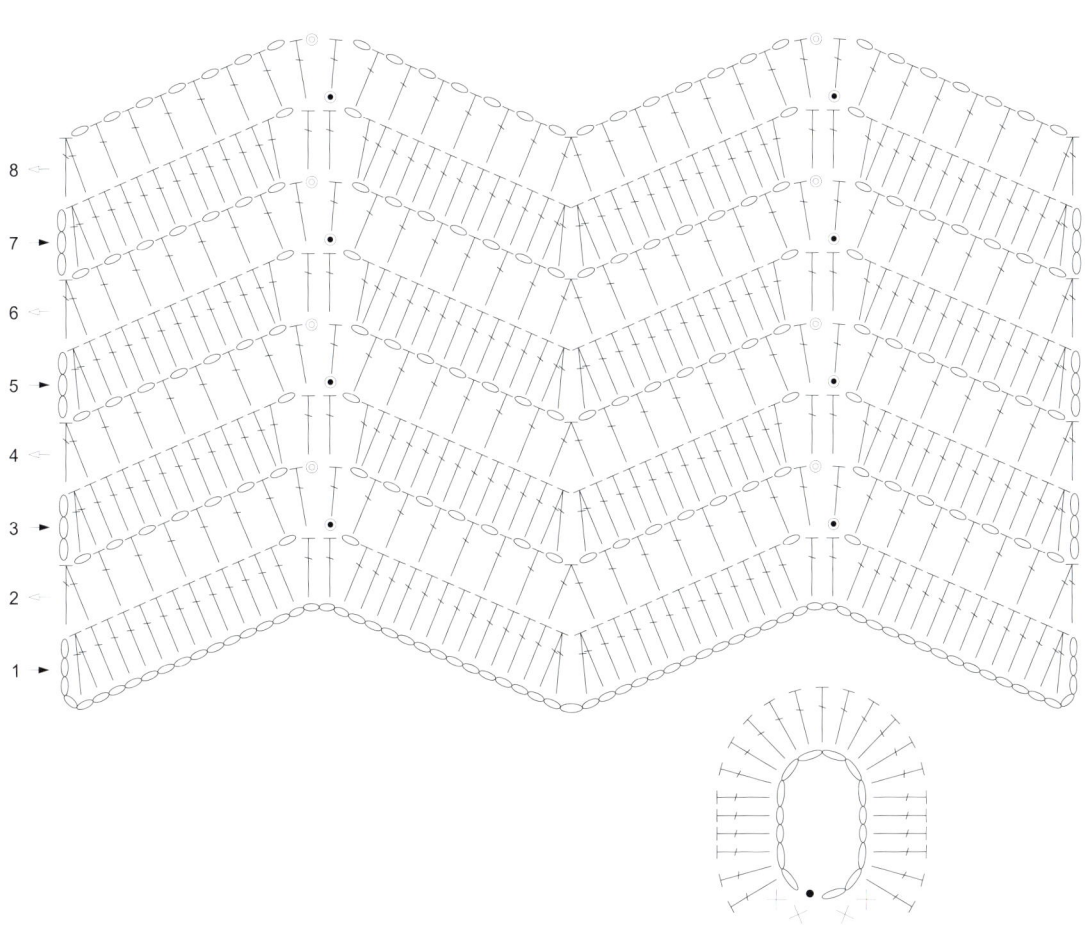

들꽃 블랭킷

사이즈: 가로 70cm x 세로 45cm
사용실과 사용량: 네코 4color
401–60g, 404–150g, 426–150g, 427–300g
사용도구: 모사용 코바늘 5/0호

뜨는 법: A조각과 B조각을 각각 30개씩 뜬다. 돗바늘을 이용해 감침질로 잇는다. (선샤인 블랭킷 잇기 과정을 참고하여 잇는다.) 60조각이 다 이어지면 전체 테두리를 짧은뜨기로 3단 뜬다.

도안

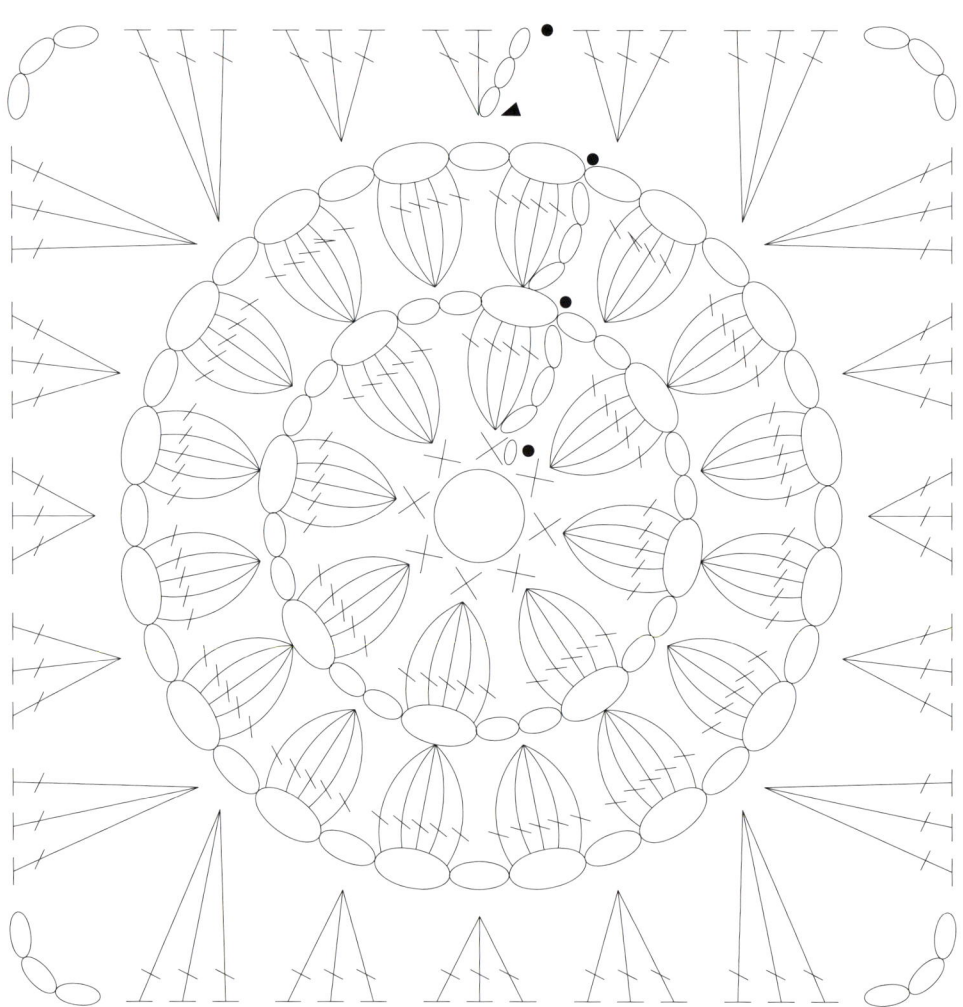

A	401	404	427
B	401	426	427

조각배치도

A	B	A	B	A	B	A	B	A	B
B	A	B	A	B	A	B	A	B	A
A	B	A	B	A	B	A	B	A	B
B	A	B	A	B	A	B	A	B	A
A	B	A	B	A	B	A	B	A	B
B	A	B	A	B	A	B	A	B	A

가로 10조각 x 세로 6조각

A-30조각, B-30조각

Chapter 3
기본뜨개법

기본뜨기-짧은뜨기

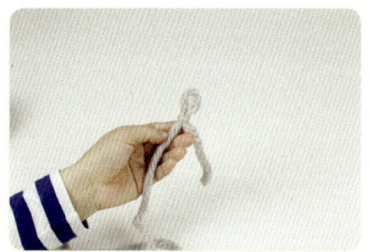

1 고리를 만들어준다.

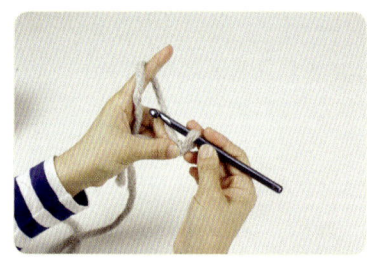

2 코바늘을 끼운다.

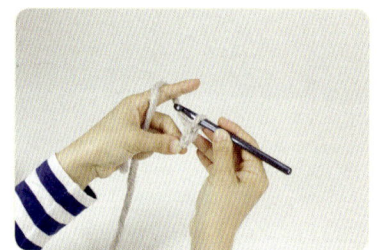

3 코바늘에 실을 걸어 사슬을 빠져나온다.
(사슬뜨기 1코)

4 코바늘에 실을 걸어준다.

5 사슬을 빠져나온다. (사슬뜨기 2코)

6 코바늘에 실을 걸어준다.

7 사슬을 빠져나온다. (사슬뜨기 3코가
만들어진 모습)

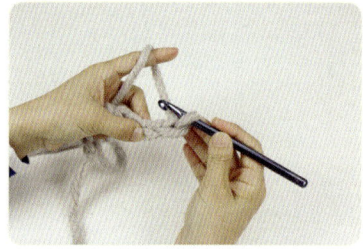

8 코바늘을 찌를 자리인 두 번째 사슬을
찾는다.

9 두 번째 사슬에 코바늘을 찌른다.

10 코바늘에 실을 걸어준다.

11 사슬을 빠져나온다.

12 코바늘에 실을 걸어준다.

13 사슬 2개를 한 번에 빼준다.

14 두 번째 코에 코바늘을 찌른다.

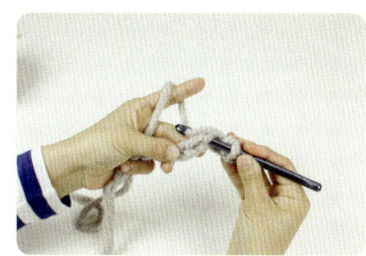

15 코바늘에 실을 걸어준다.

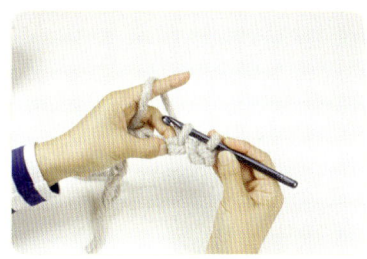

16 사슬코를 빠져 나온다.

17 코바늘에 실을 건다.

18 사슬 2개를 한 번에 빼준다.

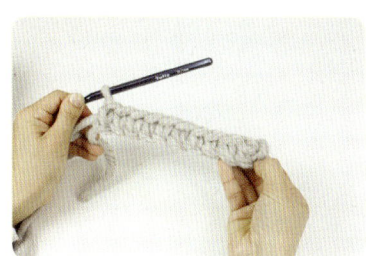

19 짧은뜨기 1단 뜬 모습

20 코바늘에 실을 건다.

21 사슬코를 빠져 나온다.

22 편물의 방향을 돌린다.

23 첫 번째 코에 코바늘을 찔러준다.

24 코바늘 위에 사슬코 실 두 가닥이 보인다.

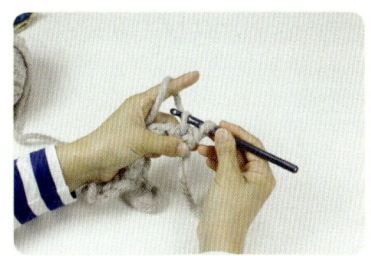
25 코바늘에 실을 걸어 사슬코를 빠져 나온다.

26 코바늘에 실을 걸어준다.

27 사슬 2개를 한 번에 빼준다.

28 두 번째 코에 코바늘을 찌른다.

29 코바늘 위에 사슬코 실 두 가닥이 보인다.

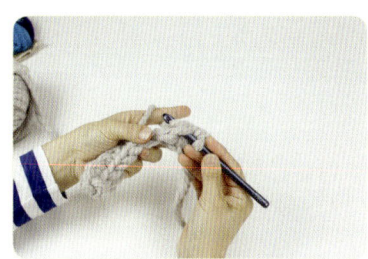
30 코바늘에 실을 걸어준다.

31 사슬코를 빠져 나온다.

32 코바늘에 실을 걸어준다.

33 사슬 2개를 한 번에 빼준다.

34 짧은뜨기 2단 뜬 모습

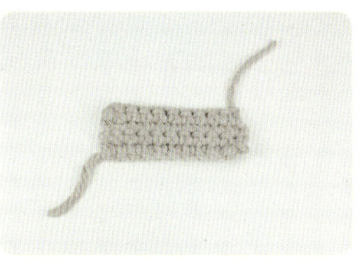
35 짧은뜨기 4단 뜬 편물

기본뜨기-긴뜨기

1 고리를 만들어준다.

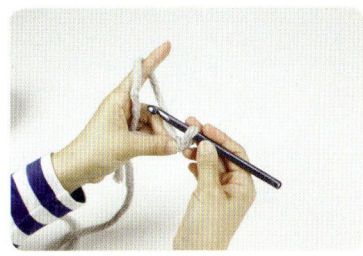

2 코바늘을 끼운다.

3 코바늘에 실을 걸어 사슬을 빠져나온다.
(사슬뜨기 1코)

4 코바늘에 실을 걸어준다.

5 사슬을 빠져나온다. (사슬뜨기 2코)

6 코바늘에 실을 걸어준다.

7 사슬을 빠져나온다. (사슬뜨기 3코가
만들어진 모습)

8 코바늘을 찌를 자리인 세 번째 사슬을
찾는다.

9 코바늘에 실을 걸어준다.

10 세 번째 사슬에 코바늘을 찌른다.

11 코바늘에 실을 걸어 나오면 사슬 3개가
걸려 있게 된다.

12 코바늘에 실을 걸어준다.

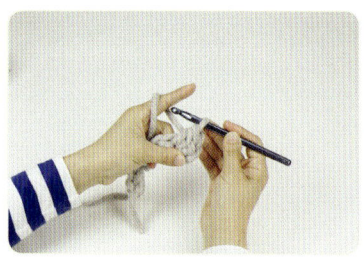

13 사슬 3개를 한 번에 빼준다.

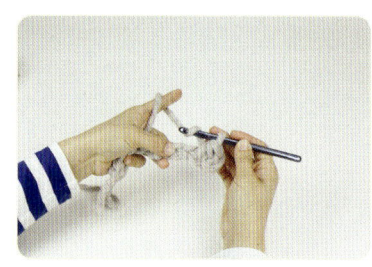

14 코바늘에 실을 걸어준다.

15 바로 옆 코에 코바늘을 찔러 실을 걸어준다.

16 사슬코를 빠져 나오면 사슬 3개가 걸려 있게 된다.

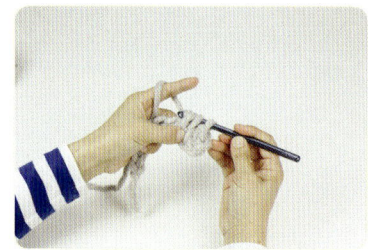

17 코바늘에 실을 걸어준다.

18 사슬 3개를 한 번에 빼준다.

19 1단 뜬 모습

20 사슬뜨기를 2번 해준다. (사슬뜨기 2코가 만들어진 모습)

21 편물의 방향을 돌려준다.

22 코바늘에 실을 걸어준다.

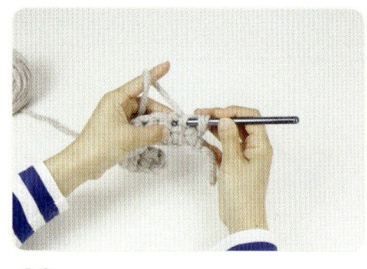

23 두 번째 코에 코바늘을 찌른다.

24 코바늘 위에 사슬코 실 두 가닥이 보이면 된다.

25 코바늘에 실을 빠져 나오면 코바늘에 사슬 3코가 걸려 있게 된다.

26 코바늘에 실을 걸어준다.

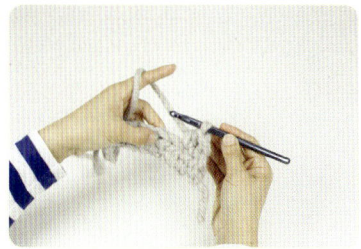

27 사슬 3개를 한 번에 빼준다.

28 코바늘에 실을 걸어 바로 옆 코에 찔러준다.

29 코바늘에 실을 건다.

30 사슬코를 빠져 나온다.

31 코바늘에 실을 걸어준다.

32 사슬 3개를 한 번에 빼준다.

33 긴뜨기 4단 뜬 편물

기본뜨기-한길긴뜨기

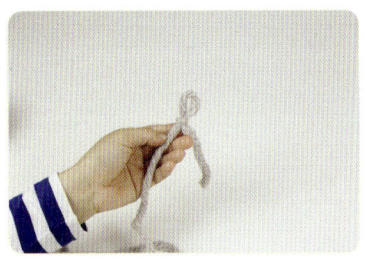

1 고리를 만들어준다.

2 코바늘을 끼운다.

3 코바늘에 실을 걸어 사슬을 빠져나온다.
(사슬뜨기 1코)

4 코바늘에 실을 걸어준다.

5 사슬을 빠져나온다. (사슬뜨기 2코)

6 코바늘에 실을 걸어준다.

7 사슬을 빠져나온다. (사슬뜨기 3코가
만들어진 모습)

8 코바늘을 찌를 자리인 네 번째 사슬을
찾는다.

9 네 번째 코에 코바늘을 찌른다.

10 코바늘에 실을 걸어 나오면 사슬 3개가
걸려 있게 된다.

11 코바늘에 실을 걸어준다.

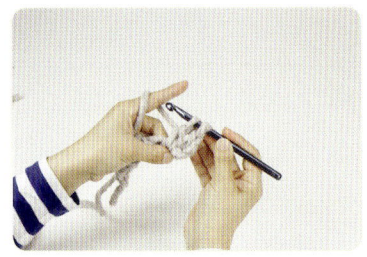

12 사슬 3개 중에 2개를 한 번에 빼준다.

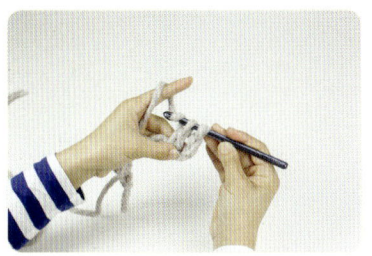

13 코바늘에 실을 걸어준다.

14 남은 사슬 2개를 한 번에 빼준다.

15 코바늘에 실을 걸어준다.

16 바로 옆 코에 코바늘을 찔러 준다.

17 코바늘에 실을 걸어준다.

18 사슬코를 빠져 나오면 사슬 3개가 된다.

19 코바늘에 실을 걸어준다.

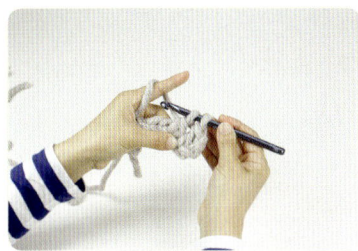

20 사슬 3개 중에 2개를 한 번에 빼준다.

21 코바늘에 실을 걸어준다.

22 남은 사슬 2개를 한 번에 빼준다.
(한길긴뜨기 3개가 된 모습)

23 한길긴뜨기 1단 뜬 모습

24 사슬뜨기를 3번 해준다. (사슬뜨기 3코가
만들어진 모습)

25 편물의 방향을 돌려준다.

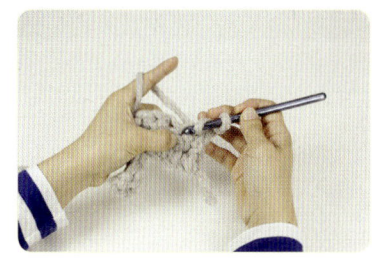

26 코바늘에 실을 감아 두 번째 코에 찔러준다.

27 코바늘에 실을 걸어준다.

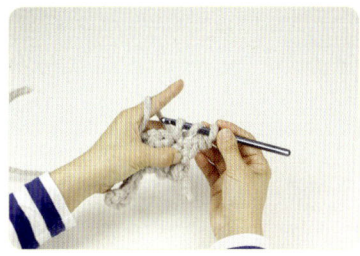

28 사슬코를 빠져 나오면 코바늘에 사슬 3코가 걸려 있게 된다.

29 코바늘에 실을 걸어준다.

30 사슬 3개 중에 2개를 한 번에 빼준다.

31 남은 사슬 2개를 한 번에 빼준다.
(한길긴뜨기 2개가 된 모습. 처음에 뜬 사슬 3코가 기둥코이고 이 코도 콧수에 포함시켜준다.)

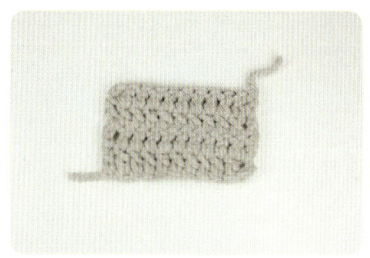

32 한길긴뜨기 4단 떠진 모습

감성캠핑 만들기

코바늘 블랭킷 손뜨개

2016년 1월 10일 1판 1쇄
2021년 7월 20일 1판 3쇄

저자 : 김혜경
펴낸이 : 남상호

펴낸곳 : 도서출판 예신
www.yesin.co.kr

(우)04317 서울시 용산구 효창원로 64길 6
대표전화 : 704-4233, 팩스 : 335-1986
등록번호 : 제3-01365호(2002.4.18)

값 14,000원

ISBN : 978-89-5649-123-3